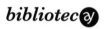

Biblioteca Âyiné 23
Instruções para os criados
Directions to Servants
Jonathan Swift

© Editora Âyiné, 2017, 2022
Nova edição revista
Todos os direitos reservados

Tradução Priscila Catão
Preparação Livia Deorsola
Revisão Paulo Sérgio Fernandes, Juliana Amato
Imagem de capa Julia Geiser
Projeto gráfico Renata de Oliveira Sampaio
ISBN 978-65-5998-010-9

Âyiné

Direção editorial Pedro Fonseca
Coordenação editorial Luísa Rabello
Coordenação de comunicação Clara Dias
Assistente de comunicação Ana Carolina Romero
Assistente de design Rita Davis
Conselho editorial Simone Cristoforetti, Zuane Fabbris, Lucas Mendes

Praça Carlos Chagas, 49 — 2º andar
30170-140 Belo Horizonte, MG
+55 31 3291-4164
www.ayine.com.br
info@ayine.com.br

Instruções
para os criados
**Jonathan
Swift**

Tradução de Priscila Catão

Âyiné

7	Regras para todos os criados em geral
21	Instruções para o mordomo
37	Instruções para a cozinheira
47	Instruções para o lacaio
65	Instruções para o cocheiro
67	Instruções para o palafreneiro
77	Instruções para o ecônomo da casa e para o ecônomo da propriedade
79	Instruções para o porteiro
81	Instruções para a criada de quarto
87	Instruções para a aia
93	Instruções para a criada doméstica
97	Instruções para a leiteira
99	Instruções para a criada encarregada das crianças

101	Instruções para a ama
103	Instruções para a lavadeira
105	Instruções para a governanta
107	Instruções para a tutora ou preceptora

Regras para todos os criados em geral

Quando o senhor ou a senhora chamar um criado pelo nome, se ele não estiver a caminho, nenhum de vocês deve responder, caso contrário sua labuta não terá fim; os próprios senhores reconhecem que, se um criado se aproxima ao ser chamado, isso já é o suficiente.

Ao cometer algum erro, seja sempre atrevido e insolente, e comporte-se como se você mesmo tivesse sido o ofendido, assim o senhor ou a senhora perderá imediatamente o ímpeto.

Caso veja o senhor sendo prejudicado por algum conservo, trate de ocultar o fato, para não ser chamado de linguarudo. Porém, há uma exceção: o criado eleito, odiado merecidamente por toda a família. É prudência culpá-lo por tudo que for possível.

A cozinheira, o mordomo, o palafreneiro, o encarregado das compras e quaisquer outros criados que estejam envolvidos nas despesas da família devem agir como se todo o patrimônio do senhor fosse destinado a seu próprio ofício. Por exemplo, se a cozinheira estima que o patrimônio do senhor é de mil libras por ano, conclui sensatamente que mil libras por ano comprarão carne o bastante, e que, portanto, não precisa economizar. O mordomo pensa da mesma maneira, e também o palafreneiro e o cocheiro, e assim todos os ramos de despesas serão fartos para a honra do senhor.

Quando for repreendido na presença de visitas (o que, com respeito aos nossos senhores e senhoras, é um costume indelicado), é comum que algum desconhecido seja cortês e diga algo em sua defesa; nesse caso, você terá uma evidência para se justificar, e poderá concluir corretamente que, ao ser repreendido no futuro, o senhor estará equivocado; opinião que será confirmada ao relatar o caso à sua própria maneira a seus conservos, que certamente decidirão a seu favor. Portanto, como eu disse anteriormente, sempre que for admoestado, queixe-se como se tivesse sido ofendido.

Ao serem enviados para transmitir recados, os criados costumam ficar fora de casa algo além do necessário para entregar a mensagem, talvez por duas, quatro, seis ou oito horas, ou alguma outra ninharia, pois a tentação é enorme e nem sempre a carne resiste. Ao voltar, o senhor se enfurece, a senhora reclama; sova e demissão são a ordem. Porém, neste ponto esteja munido de uma série de desculpas suficientes para servirem em todas as ocasiões. Por exemplo, seu tio percorreu oitenta milhas até a cidade esta manhã, com a intenção de vê-lo, e volta amanhã na primeira hora; um amigo criado, que lhe pediu dinheiro emprestado quando estava fora de posto, estava fugindo para a Irlanda; você estava se despedindo de um antigo colega criado que seria logo despachado para Barbados; seu pai mandou uma vaca para que vendesse, e você só arranjou um vendedor ambulante às nove da noite; estava dizendo adeus a um primo querido que será enforcado no próximo sábado; torceu o pé ao bater numa pedra e foi obrigado a passar três horas numa loja antes de conseguir dar um passo; jogaram alguma coisa podre em você da janela de uma água-furtada, e ficou com vergonha de voltar para casa até que estivesse limpo e que o cheiro se dissipasse; foi obrigado a entrar na Marinha e levado até um juiz de paz, que o deteve por três horas antes de examiná-lo, até que se livrou com muito tumulto; um beleguim o capturou tomando-o por um devedor, e o manteve numa casa de detenção provisória a noite toda; disseram-lhe que o senhor tinha ido a uma taverna e algum malsucedido se passara, e você ficou tão preocupado que perguntou a seu respeito em uma centena de tavernas entre Pall-mall e Temple-bar.

Tome partido de todos os mercadores em oposição ao senhor, e quando o enviarem para comprar alguma coisa, nunca sugira uma barganha — pague generosamente o preço cheio. É muito favorável para a honra do senhor, e é possível que alguns xelins apareçam no seu bolso. É preciso também considerar que, se o senhor paga demais, ele tem mais condições de arcar com a perda do que um pobre mercador.

Nunca se deixe envolver em nada além daquilo para o que foi particularmente contratado. Por exemplo, se o palafreneiro estiver bêbado ou ausente, e o mordomo receber a ordem de fechar a porta da cavalariça, a resposta é imediata: por favor, senhor, não entendo de cavalos. Se um canto de um quadro precisar de um único parafuso para ser preso, e o lacaio for instruído a prendê-lo, ele pode dizer que não entende desse tipo de trabalho, mas que o senhor pode solicitar que chamem o decorador.

Os senhores e as senhoras costumam ralhar com os criados por não fecharem a porta atrás de si, mas nem os senhores nem as senhoras percebem que as portas precisam ser abertas antes de serem fechadas, e que abrir e fechar as portas é trabalho dobrado; portanto a melhor saída, a mais fácil e rápida, é não fazer nenhum dos dois. Porém, se for importunado a fechar a porta com tanta frequência que se torna impossível esquecer, bata a porta com tamanha força ao sair de modo que o cômodo estremeça e tudo chacoalhe, para que o senhor e a senhora tenham em mente que você presta atenção em suas ordens.

Se perceber que o senhor ou a senhora está se afeiçoando a você, aproveite a oportunidade, sutilmente, para avisar de sua demissão. Quando perguntarem o motivo e parecerem relutar em se separar de você, responda que preferiria morar com eles do que com qualquer outra pessoa, mas que não devem culpar um pobre criado por desejar se aperfeiçoar; que servir não é o mesmo que herdar; que seu trabalho é muito, e seu ordenado, pouco. Ao ouvir isso, se o senhor for minimamente generoso, acrescentará cinco ou dez xelins por trimestre em vez de dispensá-lo. Se recusarem, e você na verdade não quiser se demitir, peça para que algum conservo diga ao senhor que o convenceu a ficar.

Qualquer quitute que conseguir surrupiar ao longo do dia, guarde para se patuscar com seus conservos à noite, e inclua o mordomo, contanto que ele lhe dê alguma bebida.

Escreva o seu próprio nome e o da sua namorada com a fumaça de uma vela no teto da cozinha ou da sala dos criados, para mostrar seu aprendizado.

Caso seja um jovem garboso, sempre que for sussurrar algo para a senhora à mesa, roce o nariz bem em sua bochecha; ou, se seu hálito estiver bom, fale bem no seu rosto. Soube que, em algumas famílias, as consequências disso são ótimas.

Nunca atenda antes de ter sido chamado três ou quatro vezes, pois apenas cachorros respondem ao primeiro assobio. E quando o senhor perguntar «Quem está aí?», nenhum criado é obrigado a atender, pois ninguém se chama Quem está aí.

Quando tiver quebrado todos os seus copos de barro no andar inferior (o que normalmente acontece em uma semana), a panela de cobre também serve – é possível usá-la para ferver leite, aquecer mingau, guardar cerveja de mesa ou, em caso de necessidade, como urinol, portanto a utilize indistintamente para tudo isso, mas nunca a lave ou ferva para não estragar o metal.

Apesar da permissão para ter facas na sala dos criados, durante as refeições você deve poupá-las e usar somente a faca do senhor.

Eis uma regra constante: nenhuma cadeira, banco ou mesa da sala dos criados ou da cozinha deve ter mais de três pernas, um costume antigo e presente em todas as famílias que já conheci. Dizem ser por dois motivos: em primeiro lugar, para mostrar que os criados estão sempre em posição instável, e em segundo lugar, julga-se que inspiram humildade as mesas e as cadeiras com no mínimo uma perna a menos do que as dos senhores. Reconheço que há uma exceção para essa regra no caso da cozinheira, que, por costume antigo, tem permissão de possuir uma poltrona confortável para dormir depois do jantar, embora eu quase nunca tenha visto uma com mais de três pernas. Por sua vez, essa deficiência epidêmica das cadeiras dos criados, na opinião dos filósofos, é atribuída a duas causas, conhecidas por incitar as maiores revoluções em estados e em impérios – quero dizer o amor e a guerra. A primeira arma a ser erguida em uma algazarra ou em um confronto é um banco, uma cadeira ou uma mesa; e, depois da paz, as cadeiras, se não forem muito fortes, sofrerão como base de uma aventura amorosa, pois a cozinheira costuma ser gorda e pesada, e o mordomo, um pouco inclinado à bebida.

Nunca suportei ver a deselegância das criadas que caminham pelas ruas segurando as anáguas. É uma desculpa tola alegar que as anáguas ficarão sujas, quando se tem a facílima solução de descer uma escada limpa três ou quatro vezes depois de voltar para casa.

Ao parar para mexericar com algum criado amigo na mesma rua, deixe a porta de casa aberta, assim poderá entrar sem bater quando voltar; caso contrário, a senhora talvez perceberá que você saiu, e o repreenderá.

Aconselho todos muito sinceramente a manterem a unanimidade e a concórdia. Porém, não se enganem: podem brigar entre si o quanto quiserem, mas lembrem-se sempre de que têm inimigos em comum, o senhor e a senhora, e que têm uma causa em comum para defender. Acreditem num antigo profissional: quem quer que conte algum boato ao senhor contra um conservo por pura maldade criará uma conspiração contra si e será arruinado.

O ponto de encontro para todos os criados, tanto no inverno quanto no verão, é a cozinha; é lá que as questões importantes da família devem ser discutidas, quer estejam relacionadas à cavalariça, aos laticínios, à despensa, à lavanderia, à adega, ao quarto das crianças, à sala de jantar ou ao quarto da senhora. Lá, como se estivesse em seu ambiente natural, você pode rir e berrar e fazer algazarra em total segurança.

Quando algum criado voltar para casa embriagado e não puder se apresentar, todos devem dizer ao senhor que ele está de cama muito adoentado; a senhora, ao ouvir isso, será tão simpática que pedirá que enviem algo para o pobre criado ou criada.

Quando o senhor e a senhora saírem juntos para um jantar ou uma visita noturna, só é preciso manter um criado na casa, a não ser que haja um garoto de serviço para ver quem está à porta e cuidar das crianças, se houver alguma. A pessoa que permanecerá em casa será determinada tirando a palha à sorte, e poderá ser consolada com a visita de uma namorada, sem ter o risco de serem pegos no flagra. Essas oportunidades nunca devem ser desperdiçadas, pois só surgem às vezes, e se há um criado na casa, tudo está suficientemente seguro.

Se o senhor ou a senhora chegar em casa e perguntar por um criado que por acaso não está, você deve responder que ele acabou de sair, tendo sido chamado por um primo que estava à beira da morte.

Se o senhor o chamar pelo nome, e você só responder na quarta vez, não precisa se apressar; e se for repreendido por ter demorado pode dizer com propriedade que não atendeu antes por não saber para que estava sendo chamado.

Quando for repreendido por ter cometido um erro, ao sair do cômodo e descer as escadas, murmure alto o suficiente para que o escutem plenamente; isso fará com que o senhor acredite em sua inocência.

Caso alguém apareça para visitar o senhor ou a senhora quando estiverem fora, não se incomode em lembrar o nome da pessoa, pois de fato tem muitas outras coisas para lembrar. Ademais, é um dever do porteiro, e se o senhor não conta com um, a culpa é dele. E quem consegue se lembrar de nomes? Você certamente os confundirá, e nem sabe ler ou escrever.

Se possível, nunca conte uma mentira ao senhor ou à senhora, a não ser que tenha esperança de que eles não a descubram em menos de meia hora. Quando um serviçal for demitido, todos os seus erros devem ser relatados, mesmo que a maioria nunca tenha chegado aos ouvidos do senhor ou da senhora, e todos os males causados por outros devem ser atribuídos a ele. Quando perguntarem por que não os informou antes, a resposta é: «Senhor, ou senhora, eu temia deixá-lo zangado; além disso, talvez o senhor julgasse que eu o estivesse fazendo por maldade.» Quando há pequenos senhores e senhoritas pela residência, eles costumam ser grandes barreiras à diversão dos criados; o único remédio é suborná-los com guloseimas, para que não contem nenhuma história para o papai ou para a mamãe.

Aos criados cujo senhor mora no campo, e que esperam gorjetas, aconselho que formem filas quando um desconhecido estiver se despedindo, para que precise necessariamente passar entre vocês. Ele deve ter mais confiança ou menos dinheiro do que o normal se algum de vocês o deixar escapar; e lembre-se de tratá-lo da vez seguinte de acordo com o comportamento que ele teve.

Se o enviarem com dinheiro em espécie para comprar alguma coisa numa loja, e por acaso estiver com poucos recursos, guarde o dinheiro e coloque as mercadorias na conta do senhor. É para a honra do senhor e para a sua, pois ele se tornará um homem de crédito por sua recomendação.

Quando a senhora o chamar até seu quarto para dar alguma ordem, certifique-se de ficar à porta e deixá-la aberta, e remexa na fechadura durante toda a sua fala. E não tire a mão da maçaneta, para não se esquecer de fechar a porta ao se retirar.

Se acontecer de o senhor ou senhora o acusarem erroneamente uma vez na vida, fique contente, pois sempre que cometer um erro durante o serviço bastará lembrar a falsa acusação e afirmar que é igualmente inocente no caso em questão.

Quando estiver decidido a deixar o senhor, mas estiver acanhado demais para mencionar o assunto por temer ofendê-lo, a melhor maneira é adotar repentinamente um ar rude e descarado, diferente do seu normal, até que ele julgue necessário demiti-lo. Após partir, para se vingar, atribua uma reputação ao senhor e à senhora que faça os criados sem trabalho desistirem de oferecer seus serviços a eles.

Algumas bondosas senhoras, temendo pegar uma gripe, após notarem que as criadas e os criados do andar de baixo costumam se esquecer de fechar a porta ao entrarem ou saírem para os quintais, engenharam uma polia e uma corda que, com um enorme pedaço de chumbo na ponta, ficam fixas, para que a porta se feche sozinha e apenas uma forte mão consiga abri-la. É um árduo trabalho para os criados, cujas tarefas podem obrigá-los a entrar e sair umas cinquenta vezes numa única manhã; mas a engenhosidade tem seus limites, pois os criados prudentes descobriram um remédio eficaz contra essa injustiça insuportável — amarrar a polia de maneira que o peso do chumbo não tenha efeito algum. Eu, no entanto, teria preferido manter a porta sempre aberta, deixando uma pedra pesada na sua base.

Os castiçais dos criados costumam estar quebrados, pois nada dura para sempre. Porém, é possível lançar mão de muitos outros recursos: colocar a vela convenientemente dentro de uma garrafa; encostada no lambril com um pedaço de manteiga; dentro de um polvorinho ou de um sapato velho; num graveto partido no meio; no barril de um revólver; na sua própria cera em cima de uma mesa; numa xícara de café; num copo; num cornetim; numa chaleira; num guardanapo torcido; num pote de mostarda; num tinteiro de chifre; num osso com tutano; num pouco de massa; ou pode fazer um buraco no pão e enfiá-la no meio.

Quando convidar os criados vizinhos para patuscarem com você na sua casa à noite, ensine uma maneira distinta de bater ou de arranhar a janela da cozinha, algo que você escute, mas não o senhor ou a senhora, a quem não deve perturbar ou assustar em horas tão inoportunas.

Ponha a culpa de todos os erros no cãozinho de estimação ou no gato preferido, num macaco, num papagaio, numa criança, ou no último criado a ser demitido. Assim, você se safará, não fará mal a ninguém mais e poupará o senhor ou a senhora do trabalho e da vergonha de repreensão.

Quando quiser instrumentos adequados para algum trabalho que for fazer, use todos os recursos em que conseguir pensar, mas não deixe o trabalho incompleto. Por exemplo, se o atiçador estiver longe ou quebrado, use um tenaz para mexer nas brasas; se o tenaz não estiver por perto, use a boca do fole, o lado errado da pá, o cabo da vassoura, a extremidade do esfregão ou a bengala do senhor. Se quiser papel para chamuscar uma ave, rasgue o primeiro livro que encontrar pela casa. Quando precisar de um pedaço de pano para limpar os sapatos, use a barra da cortina ou um guardanapo adamascado. Tire a renda do seu libré para usar como liga. Se o mordomo quiser um urinol, ele pode usar o grande troféu de prata.

Há várias maneiras de apagar uma vela, e você deve ser iniciado em todas elas. É possível passar a vela no lambril, apagando o pavio imediatamente; colocá-la no chão e pisotear o pavio para apagá-lo; segurá-la de cabeça para baixo, até o seu próprio sebo abafá-la, ou enfiá-la na boca do castiçal; pode rodopiá-la na mão até ela apagar; quando for dormir, após urinar, pode mergulhar a extremidade da vela no urinol; pode cuspir no indicador e no polegar e beliscar o pavio até que apague; a cozinheira pode esfregar a ponta da vela na tina de farinha, ou o palafreneiro num recipiente de aveia, ou num feixe de feno, ou numa pilha de lixo. A criada doméstica pode apagar a vela esfregando-a no espelho, pois nada o limpa tão bem quanto um pavio. Porém, a melhor maneira, e a mais rápida, é apagá-la com o sopro, deixando a vela limpa e pronta para ser acendida.

Em uma família, não há nada mais nocivo do que um fofoqueiro, e o principal dever de vocês é se unir contra ele. Seja qual for o ofício que ele exerça, aproveite todas as oportunidades de estragar seu trabalho e o contrarie em tudo. Por exemplo, se o fofoqueiro for o mordomo, quebre seus óculos sempre que ele deixar a porta da despensa aberta, ou prenda o gato ou o mastim lá dentro, pois também serve. Coloque um garfo ou colher no lugar errado para que ele nunca o encontre. Se for a cozinheira, sempre que ela der as costas, jogue um grumo de fuligem ou um punhado de sal na panela, ou carvão fumegante na pingadeira, ou cubra o assado com a parte de trás da chaminé, ou esconda a haste do espeto. Se suspeitarem do lacaio, que a cozinheira suje as costas de seu libré novo; ou quando ele estiver subindo com uma sopeira, que ela o siga silenciosamente com uma concha cheia, deixando-a pingar por toda a escada até a sala de jantar, e depois deixe a criada doméstica fazer tanto barulho que a senhora o escute. É muito provável que a aia seja a culpada, querendo agradar aos outros. Nesse caso, a lavadeira deve tratar de rasgar seus aventais na lavagem, além de lavá-los apenas pela metade. Quando ela reclamar, conte para a casa inteira que ela transpira tanto, e que sua carne é tão nojenta, que ela suja mais a roupa em uma hora do que a ajudante de cozinheira em uma semana.

Instruções para o mordomo

Em minhas instruções para os criados, percebi nas longas observações que você, mordomo, é o principal interessado.

Como o seu trabalho é de uma variedade imensurável e requer uma precisão imensurável, recapitularei, tanto quanto minha memória permitir, os diversos ramos do seu ofício, e ordenarei minhas instruções de acordo com eles.

Enquanto aguarda próximo ao aparador, tome todo o cuidado possível para poupar o seu próprio trabalho e os copos do senhor. Portanto, em primeiro lugar, como aqueles que jantam à mesma mesa devem ser amigos, deixe todos beberem do mesmo copo sem lavá-lo, o que o livrará desse afazer e também do risco de quebrá-lo. Sirva bebida alcoólica apenas se a pessoa tiver pedido no mínimo três vezes; assim, alguns por modéstia, outros por esquecimento, pedirão mais raramente e a bebida do senhor será poupada.

Se alguém quiser um copo de cerveja engarrafada, primeiramente chacoalhe a garrafa para ver se tem alguma coisa dentro, depois prove para conferir qual é o tipo de bebida e não se enganar. Por último, limpe a boca da garrafa com a palma da mão, para mostrar seu asseio.

Faça questão de deixar a rolha no bojo da garrafa e não na boca; se a rolha estiver mofada ou se houver sedimentos brancos no vinho, o senhor poupará ainda mais.

Se um convidado humilde, um capelão, um tutor ou um primo dependente estiver à mesa e você achar que o senhor não o estima muito, já que não há ninguém melhor do que nós para descobrir e perceber coisas assim, é seu dever e do lacaio seguir o exemplo dos seus superiores e tratá-lo muito pior do que todos os outros. É impossível agradar mais ao senhor, ou pelo menos à senhora.

Se alguém pedir cerveja de mesa ao fim do jantar, não se dê o trabalho de descer até a adega — junte os pingos e restos dos vários copos e taças e salvas em um só, mas permaneça de costas para o convidado, para que não seja observado. Por outro lado, quando alguém pedir uma cerveja ao fim do jantar, encha a caneca até o topo, assim sobrará a maior parte para agradar aos seus conservos sem que você cometa o pecado de roubar do senhor.

Há uma gratificação acidental igualmente honesta, que é a oportunidade que você tem todos os dias de ter a melhor parte da garrafa de vinho para si mesmo; pois, é de supor que pessoas de berço não se importam com o resto da garrafa. Portanto, sempre coloque uma nova diante deles depois do jantar, apesar de não terem tomado mais do que uma taça da outra.

Trate especialmente de conferir se suas garrafas não estão cobertas de musgo antes de enchê-las; para tal, assopre fortemente na boca de cada uma. Se não sentir nenhum cheiro além do seu próprio hálito, encha-a imediatamente.

Se for instruído a descer apressadamente para servir alguma bebida, e não conseguir fazer o líquido fluir, não se dê ao trabalho de abrir um orifício; basta assoprar com força no interior da torneira, e ele verterá imediatamente em sua boca; ou remova o espicho, mas não espere para colocá-lo de volta no lugar pois o senhor pode estar precisando de você.

Se estiver curioso para provar as melhores garrafas do senhor, esvazie quantas precisar até logo abaixo do gargalo para obter a quantidade que deseja, mas trate de enchê-las novamente com água limpa para não desvalorizar a bebida do senhor.

Há uma excelente invenção que veio à tona nos últimos anos para cuidar da cerveja e da cerveja de mesa no aparador. Se, por exemplo, um cavalheiro pede um copo de cerveja e toma apenas metade, e outro pede cerveja de mesa, você imediatamente vira o resto da cerveja na caneca e enche o copo de cerveja de mesa, e assim por diante, enquanto o jantar durar, permitindo que alcance três objetivos: primeiro, você se poupa do trabalho de lavar e, consequentemente, do risco de quebrar os copos; segundo, garante que não confundirá a bebida de cada cavalheiro e, por último, com esse método você se assegura de que nada está sendo desperdiçado.

Como mordomos tendem a se esquecer de levar suas próprias cervejas para o andar de cima, trate de se lembrar de transportar a sua duas horas antes do jantar, e a coloque numa parte ensolarada do cômodo para que as pessoas vejam que não está sendo negligente.

Alguns mordomos têm uma maneira específica de decantar (como eles mesmos chamam) cerveja engarrafada, que perde boa parte do fundo. Que o seu método seja virar diretamente a garrafa de cabeça para baixo, fazendo a quantidade de bebida parecer duas vezes maior. Assim você se certificará de não perder uma só gota, e a espuma esconderá a turvação.

Limpe seu prato, lustre suas facas e esfregue as mesas sujas com os guardanapos e toalhas de mesa usados no dia, assim, a lavagem é uma só; além disso, dessa forma não há necessidade de usar os esfregões ásperos, e como recompensa por uma gestão tão cuidadosa, na minha opinião, você tem o direito de usar os guardanapos adamascados mais finos como gorro de dormir.

Ao limpar seu prato, deixe bastante greda para que seja vista em todas as fendas, assim a senhora não duvidará de que você realmente o limpou.

Não há nada que evidencie mais a habilidade de um mordomo do que a maneira como trata as velas, mesmo que certa parte do trabalho possa ficar nas mãos de outros criados. No entanto, como é o principal responsável por elas, dirigirei minhas instruções neste artigo apenas a você, e seus conservos podem usá-las ocasionalmente.

Primeiramente, para evitar acendê-las durante o dia e poupar as velas do senhor, leve-as para cima somente meia hora após escurecer, mesmo que alguém as peça de vez em quando.

Deixe os bocais cheios de sebo até a borda, com o pavio velho em cima, e depois coloque velas novas. É verdade que assim elas correm o risco de cair, mas as velas parecerão bem mais longas e bonitas para os convidados. Em outros momentos, para variar, deixe as velas um pouco soltas nos bocais, para mostrar que estão limpas até a base.

Quando a vela for grande demais para o bocal, derreta-a até o tamanho certo diante do fogo; e, para esconder a fumaça, enrole a metade superior com papel.

Você não pode ter deixado de perceber, nos últimos anos, uma grande extravagância da aristocracia com relação às velas, o que um bom mordomo deve certamente desestimular, para poupar seus próprios esforços e o dinheiro do senhor. Há várias maneiras de se fazer isso, especialmente quando você é instruído a colocar as velas em arandelas.

Arandelas são ótimos desperdiçadores de velas; e você, que sempre deve considerar o proveito do senhor, precisa fazer o possível para dissuadir seu uso. Portanto, seu trabalho deve ser pressionar a vela com as duas mãos dentro do bocal, para que ela fique inclinada e o sebo pingue por todo o chão, caso o toucado de uma dama ou a peruca de um cavalheiro não estejam a postos para detê-lo. Também pode deixar a vela tão solta que ela terminará caindo no vidro da arandela, despedaçando-se. Assim, o senhor poupará muitos pênis ao longo do ano com velas e com vidreiros, e também muito trabalho seu, pois é impossível usar arandelas estragadas.

Nunca continue a usar as velas quando ficarem muito baixas; que elas sejam uma gratificação para sua amiga cozinheira ter mais sebo para cozinhar. Caso isso não seja permitido na sua casa, seja caridoso e dê aos vizinhos pobres, que frequentemente cuidam de incumbências por você.

Ao cortar pão para fazer uma torrada, não fique parado apenas olhando; coloque-o nas brasas de carvão e vá fazer outra coisa. Volte depois, e se achar que torrou demais, raspe o lado queimado e sirva.

Ao arrumar o aparador, coloque as melhores taças o mais perto possível da beira, assim o lustre será dobrado e a aparência ficará bem mais fina. A maior consequência poderá ser apenas quebrar meia dúzia delas, o que não é nada para o bolso do senhor.

Lave as taças com sua própria água, para poupar o sal do senhor.

Quando derramarem sal na mesa, não o desperdice. Ao fim do jantar, dobre a toalha de mesa com o sal em cima e depois sacuda o sal dentro do saleiro para servir no dia seguinte. A maneira mais rápida e garantida, no entanto, ao remover a toalha, é enrolar facas, garfos, colheres, saleiros, pães partidos e restos de carne dentro dela; assim você garante que nada será desperdiçado, a não ser que ache melhor sacudi-los pela janela para que os mendigos comam as sobras com mais conforto.

Deixe a borra do vinho, da cerveja e de outras bebidas dentro das garrafas, pois lavá-las é perda de tempo, já que tudo será feito de uma vez só numa lavagem geral, e você terá uma desculpa melhor para quebrá-las.

Se o senhor tiver muitas garrafas com musgo, ou muito fedorentas e encrostadas, aconselho, por uma questão de consciência, que elas sejam as primeiras a serem trocadas na cervejaria próxima, por cerveja ou por aguardente.

Quando enviarem uma mensagem ao senhor, seja generoso com o criado que veio entregá-la; ofereça a melhor bebida que tiver, para manter a honra do senhor. E, na primeira oportunidade, ele fará o mesmo por você.

Após o jantar, se estiver escuro, leve seu prato e sua louça juntos no mesmo cesto para poupar a luz das velas, pois você já conhece a despensa suficientemente bem para guardá-los no escuro.

Quando estiverem aguardando um convidado para o jantar, ou à noite, trate de estar fora de casa para que nada do que esteja trancado seja providenciado; assim o senhor poupará a bebida e não desgastará a prataria.

Chego agora a uma parte muito importante da sua economia, o engarrafamento do barril de vinho, para o qual recomendo três virtudes: limpeza, frugalidade e amor fraternal. Que suas rolhas sejam as mais longas possíveis, assim um pouco de vinho será poupado no gargalo de cada garrafa. Quanto às suas garrafas, escolha as menores possíveis, o que aumentará o número de dúzias e agradará ao senhor, pois uma garrafa de vinho é sempre uma garrafa de vinho independentemente da quantidade de líquido; e se o senhor tiver a quantidade correta de dúzias, ele não terá do que reclamar.

Toda garrafa deve ser enxaguada primeiramente com vinho, para que não sobre nenhuma água da lavagem. Alguns, para economizar, cometem o erro de enxaguar dúzias de garrafas com o mesmo vinho; mas aconselho ter mais cuidado e trocar o vinho a cada duas garrafas; um *gill*[1] pode ser suficiente. Tenha garrafas prontas para guardá-lo, será uma benesse para vender ou para tomar com a cozinheira.

Nunca sirva com o barril baixo demais, nem o incline para não perturbar a bebida. Quando o líquido começar a diminuir, e antes que o vinho fique turvo, balance o barril e leve uma taça dele para o senhor, que o elogiará por sua discrição e lhe dará todo

---

1   Medida de volume que equivale a 1,42 dl.

o resto como gratificação. No dia seguinte, pode inclinar o barril, e a cada quinzena pegue uma ou duas dúzias de vinho bom com as quais pode fazer o que quiser.

Ao engarrafar vinho, encha sua boca de rolhas e inclua também um grande pedaço de tabaco para mascar, assim o vinho terá o verdadeiro gosto da erva, muito agradável a todos os apreciadores de bebida.

Quando for instruído a decantar uma garrafa suspeita, e já tiverem tirado um quartilho, balance a mão habilmente e mostre num copo que o líquido está começando a ficar turvo.

Quando for tirar o vinho ou alguma outra bebida do barril, lave suas garrafas logo antes de começar, mas trate de não as drenar, assim com sua bela administração o senhor poupará galões a cada barril.

É nesse momento que deve ser generoso com os seus conservos e especialmente com a cozinheira, para a honra do senhor, pois algumas jarras não farão falta num barril inteiro. Porém, faça-os beberem na sua presença, para que ninguém dê nada a outras pessoas, tornando o senhor vítima de uma injustiça. Caso fiquem embriagados, aconselhe que se deitem e avisem que estão doentes, algo que eu faria todos os criados obedecerem, tanto homens quanto mulheres.

Se o barril não atender à expectativa do seu senhor, o que soa mais sincero: que o recipiente vazou, que o engarrafador de vinhos não o encheu no tempo certo ou que o vendedor o enganou com um barril pior do que o normal?

Quando for pegar água para o chá após o jantar (o que em muitas famílias é parte do seu trabalho), para poupar fogo e ser mais rápido, derrame na chaleira a água da panela onde o repolho ou o peixe estavam fervendo, o que tornará o chá mais saudável, pois removerá sua acidez e sua corrosividade.

Poupe suas velas, e deixe as que estão nas arandelas do corredor, das escadas e das lanternas queimarem até os bocais e se apagarem por si só; assim o senhor e a senhora elogiarão o seu espírito de economia logo que sentirem o cheiro do pavio queimado.

Se um cavalheiro esquecer a caixa de rapé ou o paliteiro na mesa após o jantar e for embora, entenda como uma gorjeta, pois é algo permitido aos criados e você não estará causando danos ao senhor ou à senhora.

Se o senhor é um nobre rural, quando cavalheiros e damas comparecerem a um jantar em sua casa, nunca se esqueça de embebedar os criados deles, especialmente o cocheiro, para a honra do senhor; e seja cauteloso em tudo que faz, pois você tem muito conhecimento, e a honra de toda família está nas mãos da cozinheira, do mordomo e palafreneiro, como demonstrarei posteriormente.

Apague as velas do jantar enquanto elas estiverem na mesa, pois é o modo mais seguro. Se por acaso o pavio aceso sair da espevitadeira, é possível que ele caia em um prato de sopa, de creme, de leite de arroz ou de algo similar, onde será extinto imediatamente com o mínimo de mau cheiro.

Após apagar a vela, sempre deixe as espevitadeiras abertas, pois o pavio virará cinzas sozinho — ele não pode cair e sujar a mesa quando você for apagar velas novamente.

Para que a superfície do sal fique reta no saleiro de mesa, pressione-o com a palma da mão úmida.

Quando um cavalheiro for embora após jantar com o senhor, trate de ficar completamente à vista e o acompanhe até a porta. Se tiver a oportunidade, olhe bem no seu rosto, talvez assim ganhe um xelim. Porém, se o cavalheiro pernoitou na casa, chame a cozinheira, as criadas domésticas, os palafreneiros, a ajudante de cozinha e o jardineiro para irem com você, e fiquem parados no caminho até o átrio, formando uma fileira dos dois lados. Se o cavalheiro for elegante, ele ficará honrado, e isso não custará nada ao senhor.

Não é necessário limpar a faca para partir o pão na mesa, pois ela se limpará sozinha após fatiá-lo uma ou duas vezes.

Insira o dedo em todas as garrafas para ver se estão cheias. É a maneira mais garantida, pois o tato é incomparável.

Quando descer até a adega para tirar cerveja ou cerveja de mesa, tenha o cuidado de obedecer ao seguinte método: segure o recipiente entre o indicador e o polegar da mão direita, com a palma virada para cima; em seguida, segure uma vela entre os dedos, mas incline-a um pouco na direção da boca do recipiente; depois, remova o espicho com a mão esquerda e insira a ponta em sua boca, deixando a mão esquerda livre caso aconteça algum acidente. Quando o recipiente estiver cheio, tire o espicho da boca, que, umedecido pela saliva, aderirá mais rapidamente à torneira devido à consistência pegajosa. Se pingar sebo no recipiente, é fácil (se você lembrar) removê-lo com uma colher.

Sempre deixe um gato trancado no armário onde ficam as porcelanas, para evitar que ratos entrem sorrateiramente e as quebrem.

Um bom mordomo sempre quebra a ponta do saca-rolhas em dois dias ao tentar ver o que é mais resistente, a ponta do saca-rolhas ou o pescoço da garrafa. Nesse caso, para atender à necessidade de uma ferramenta, depois que a ponta tiver despedaçado a rolha, use um garfo de prata, e após conseguir tirar quase todos os restos da rolha, sacuda a boca da garrafa dentro da cisterna três ou quatro vezes, até tudo sair.

Se um cavalheiro janta com o senhor frequentemente e não lhe dá nada ao ir embora, há várias maneiras de demonstrar sua insatisfação e fazer a memória dele funcionar mais rapidamente: se ele pedir pão ou alguma bebida, é possível fingir que não escutou ou servir a alguém que pediu depois dele; se ele solicitar vinho, deixe-o aguardando e depois leve cerveja de mesa; sempre entregue copos sujos; entregue uma colher quando ele quiser uma faca; dê uma piscadela para o lacaio, indicando que deve deixá-lo sem prato. Assim, e por outros meios semelhantes, você ficará no mínimo meia coroa mais rico antes de ele ir embora da casa, contanto que encontre uma oportunidade de parar junto dele durante sua despedida.

Se a senhora ama jogos de cartas, sua fortuna está garantida para sempre; uma jogatina moderada garante uma gratificação de dez xelins por semana. Numa família assim, é melhor ser o mordomo do que o capelão, é melhor até mesmo do que o ecônomo. O dinheiro é todo em espécie, e recebido sem labuta, a não ser que a senhora seja daquelas que o obriga a encontrar velas de cera ou o força a dividi-lo com alguns de seus criados preferidos. Porém, no pior dos casos, as cartas são suas, e se os jogadores ficarem endividados ou rabugentos, eles mudarão tanto de cartas que será uma vantagem considerável vender as antigas a cafés ou a famílias que amem jogar, mas só têm condições de comprar cartas em segunda mão. Quando estiver servindo, trate de deixar ao alcance dos jogadores novos baralhos, que os azarados rapidamente pegarão para mudar de sorte. Além disso, misturar de vez em quando um baralho antigo com o resto é algo que passará despercebido. Trate de ser muito solícito nas noites de jogo, de ter as velas prontas para acompanhar o convidado e de ter salvas de vinho à disposição para quando pedirem. Porém, combine com a cozinheira de não haver jantar, porque assim a família do senhor poupará bastante, e porque um jantar diminuirá consideravelmente os seus ganhos.

Assim como as cartas, não há nada tão lucrativo para você quanto as garrafas. Sua única competição para essa benesse são os lacaios, que tendem a roubá-las e vendê-las por canecas de cerveja. Porém, você tem a obrigação de impedir tais abusos na família do seu senhor; não são os lacaios que serão responsabilizados por aquelas que quebrarem durante um engarrafamento, que podem ser tantas quanto você julgar melhor.

O lucro obtido com os copos é tão insignificante que mal vale mencioná-lo; não passa de um pequeno presente feito pelo vidreiro e de cerca de quatro xelins por libra, que são acrescentados aos preços devido ao seu trabalho e à sua habilidade durante a escolha deles. Se o senhor tiver um grande estoque de copos, e você ou seus conservos por acaso quebrarem algum sem o senhor saber, mantenha segredo até não haver mais nenhum para levar à mesa, e só então conte ao senhor que os copos acabaram. Assim, o incômodo será único para ele, o que é muito melhor do que atormentá-lo uma ou duas vezes por semana. Ademais, faz parte do ofício de um bom criado transtornar o senhor e a senhora o mais raramente possível, e nesse caso o gato e o cachorro serão muito úteis para levar a culpa por você. Note que metade das garrafas desaparecidas foi supostamente roubada por vagabundos e por outros criados, enquanto a outra metade foi quebrada por acidente e durante uma lavagem qualquer.

Amole o lado oposto da faca até ele ficar tão afiado quanto a ponta, o que será vantajoso pelo seguinte motivo: quando um cavalheiro achar que um dos lados está cego, ele poderá usar o outro. Para mostrar que não poupa esforços afiando as facas, amole-as até desgastar boa parte do ferro e até mesmo a base do cabo de prata. É motivo de orgulho para o senhor, pois mostra um bom governo da casa, e assim talvez o ourives faça um presente para você.

Quando a senhora achar que a cerveja de mesa ou normal está sem gás, ela o culpará por não se lembrar de tampar o respiro. É um grave erro, pois a tampa mantém o ar no recipiente, o que estraga a bebida, e, portanto, ele precisa sair. Porém, se ela insistir, para poupá-lo do trabalho de remover e recolocar a tampa uma dúzia de vezes por dia, algo que não deve ser tolerado por um bom criado, deixe o espicho meio para fora durante a noite e verá que, após perder apenas dois ou três quartos da bebida, ela escorrerá facilmente.

Ao preparar suas velas, enrole-as num pedaço de papel pardo e em seguida coloque-as no bocal; deixe o papel aparecendo até a metade da vela, o que fica bonito caso alguém entre.

Faça tudo no escuro, para poupar as velas do senhor.

Instruções para a cozinheira

Embora eu saiba que há bastante tempo a alta sociedade adotou o hábito de ter cozinheiros homens, geralmente franceses, meu tratado foca na tendência geral dos cavalheiros, dos nobres e dos senhores tanto da cidade quanto do interior. Portanto, eu me dirigirei a você, sra. cozinheira, como mulher. No entanto, grande parte do que proponho se aplica aos dois sexos, e sua obrigação naturalmente acompanha a anterior, pois o mordomo e você estão associados — suas gorjetas geralmente são iguais e vocês sempre as recebem, mesmo quando outros ficam na mão; vocês dois podem celebrar juntos à noite com a própria comida, enquanto o resto da casa repousa; têm o poder de tornar cada conservo um amigo; podem dar uma guloseima aos pequenos senhores e às pequenas senhoritas, conquistando seu afeto; uma disputa entre vocês é arriscada para ambos e provavelmente terminará com a demissão de um dos dois; no caso dessa fatalidade, talvez demore para você se dar bem com outro. E agora, sra. cozinheira, tratarei de passar minhas instruções, e desejo que algum conservo da família as leia para você constantemente, uma noite por semana, quando for dormir, quer trabalhe na cidade ou no interior, pois minhas lições são adequadas aos dois casos.

Se a senhora esquecer que há frios na casa durante o jantar, não seja tão solícita a ponto de lembrá-la, pois decerto ela não os queria. Caso ela se lembre no dia seguinte, diga que ela não lhe deu nenhuma ordem e que por isso eles foram usados. Portanto, para não contar uma mentira, livre-se deles juntamente com o mordomo, ou com qualquer outro amigo, antes de ir para a cama.

Nunca envie para cima uma coxa de ave durante o jantar enquanto houver na casa um gato ou cachorro que possa ser acusado de ter fugido com ela. Porém, caso não haja nenhum dos dois, é possível culpar os ratos, ou um cão de caça desconhecido.

É um péssimo exemplo de trabalho doméstico sujar os esfregões de cozinha limpando a base dos pratos que manda para cima, quando a toalha de mesa serve para o mesmo propósito e é trocada a cada refeição.

Nunca limpe seus espetos de ferro após usá-los, pois a gordura que a carne desprendeu é o melhor remédio para evitar que enferrujem. Ademais, quando usá-los novamente, a mesma gordura manterá o interior da carne untado.

Se vive com uma família de posses, assar e ferver não são atividades dignas do seu ofício, e cabe a você ignorá-las; portanto, é algo que deve ficar completamente a cargo da ajudante de cozinha, para não desonrar a família com quem vive.

Se estiver encarregada das compras, pague o mais barato que puder na carne; porém, ao prestar as contas, seja delicada com a honra do senhor e tome nota do preço mais alto, o que, além de tudo, é justo, pois ninguém pode vender pelo mesmo preço que se compra, e estou certo de que poderá cobrá-lo sem nenhum risco; afirme que pagou apenas o que o açougueiro e o vendedor de aves pediram. Se a senhora ordenar que prepare uma porção de carne para o jantar, não entenda que deve preparar tudo, logo pode separar metade para si mesma e para o mordomo.

Boas cozinheiras não toleram o que é chamado justamente de trabalho de enrolação, no qual bastante tempo é gasto e pouco é feito, como por exemplo cozinhar aves pequenas com imenso preparo e alvoroço, e com um segundo ou terceiro espeto de ferro, o que a propósito é totalmente desnecessário, pois será bastante ridículo se um espeto forte o suficiente para virar um bife de lombo não for capaz de virar uma cotovia. Porém, se a senhora for bondosa e tiver receio de que um espeto grande as dilacere, coloque-as na pingadeira, onde a gordura do carneiro ou do bife assado regará as aves como molho, e também para poupar tempo e manteiga, pois qual cozinheira de bom senso perderia seu tempo fazendo furos em cotovias, trigueiros e outras pequenas aves? Portanto, se não tiver criadas domésticas nem moças para ajudá-la, ou até mesmo para realizar pequenas tarefas, chamusque ou tire a pele das aves; a pele não tem muito valor, nem a carne.

Se estiver encarregada das compras, não aceite um bife e uma caneca de cerveja como presente do açougueiro, pois acredito que é proceder mal diante do senhor. Porém, sempre aceite essa benesse em dinheiro, se não comprar a crédito, ou em comissão, quando pagar as contas.

Como os foles da cozinha costumam estar quebrados porque as bocas são usadas para mexer o fogo, poupando o tenaz e o atiçador, pegue emprestado os foles do quarto de dormir da senhora, que por serem os menos usados costumam ser os melhores da casa.

Tenha sempre um garoto de serviço pela casa para cuidar de suas incumbências e ir ao mercado por você em dias chuvosos, poupando suas roupas e a deixando com uma aparência mais digna de um elogio da senhora.

Caso a senhora permita que fique com as sobras de comida, trate de ferver e assar a carne suficientemente em retribuição pela sua generosidade. Se ela as usar para proveito próprio, trate-a justamente e em vez de deixar um bom fogo enfraquecer, reavive-o de vez em quando com a banha e a manteiga que terminarem se tornando óleo.

Envie a carne para cima bem presa aos espetos, para dar uma aparência arredondada e rechonchuda, e um espeto de ferro bem empregado costuma deixar a carne mais bonita.

Ao assar um longo pedaço de carne, cuide apenas do meio e deixe as duas extremidades cruas, pois serão servidas em outro momento, e também para poupar fogo.

Ao esfregar pratos e louça, curve as bordas para dentro a fim de que possam conter uma quantidade maior de comida.

Mantenha sempre um grande fogo aceso na cozinha quando houver um jantar breve ou se a família estiver jantando fora, assim os vizinhos, ao virem a fumaça, elogiarão o trabalho doméstico do senhor. Porém, quando muitos convidados estiverem presentes, poupe o máximo de carvão possível, pois, se a carne estiver meio crua, boa parte dela será guardada e servida no dia seguinte.

Ferva a carne constantemente com água da bomba, mesmo que às vezes queira usar água do rio ou encanada. Porém, se a senhora perceber que a carne está com uma cor diferente, ela a repreenderá quando na verdade você não cometeu erro algum.

Quando tiver muitas aves na despensa, deixe a porta aberta por pena da pobre da gata, se ela for uma boa caçadora de ratos.

Se achar necessário ir ao mercado num dia chuvoso, leve uma capa de montaria e um manto da senhora para poupar suas próprias roupas.

Tenha três ou quatro moças para lhe assistir constantemente na cozinha, a quem pagará pouco, apenas com porções de carne, alguns carvões e todas as cinzas.

Para manter criados problemáticos fora da cozinha, deixe sempre a manivela no espeto para que caia sobre a cabeça deles.

Se um pedaço de fuligem cair na sopa e for inconveniente removê-lo, mexa bem, assim a sopa ficará com um gosto francês bem acentuado.

Se sua manteiga derreter e se transformar em óleo, não se preocupe; envie-o para cima, pois óleo é um molho mais suave do que manteiga.

Raspe as superfícies das panelas e das caldeiras com uma colher de prata, para que não fiquem com gosto de cobre.

Ao enviar a manteiga para cima como molho, seja econômica e faça com que metade dela seja água, o que também é muito mais saudável.

Se, quando derretida, a sua manteiga tiver um gosto metálico, é culpa do senhor, que não providencia uma caçarola de prata para você. Ademais, usar menos dela tem um efeito melhor, e uma estanhagem nova é bastante dispendiosa. Se tiver uma caçarola de prata e a manteiga cheirar à fumaça, culpe as brasas.

Nunca use colher quando puder usar as próprias mãos, para não desgastar a prataria do senhor.

Quando achar que não vai conseguir preparar o jantar para o horário designado, volte o relógio, assim ele ficará pronto no minuto exato.

De vez em quando, deixe uma brasa quente na pingadeira para que a fumaça da banha suba e a carne assada adquira um gosto acentuado.

Enxergue a cozinha como seu quarto de vestir. Porém, só lave as mãos após usar o lavatório, espetar a carne, atar asas e coxas da ave, escolher a salada, e só bem depois de ter enviado o segundo prato para cima, pois suas mãos estarão dez vezes mais sujas devido às muitas coisas com as quais deve lidar. Quando terminar seu trabalho, no entanto, uma lavagem bastará.

Somente uma parte do seu asseio é admissível enquanto a comida está fervendo, assando ou cozinhando: pentear o cabelo. Não estará perdendo tempo, pois pode ficar ao lado da comida e cuidar dela com uma mão enquanto usa a outra para se pentear.

Se por acaso algum fio de cabelo subir com a comida, pode culpar sem nenhum receio qualquer lacaio que a tiver irritado. Esses cavalheiros costumam ser maliciosos quando se lhes recusa a sopa da panela ou uma fatia do espeto, ainda mais quando você derrama uma concha de mingau quente nas pernas deles ou os manda subir até o senhor com um pano de prato preso no fraque.

Ao assar e ferver, ordene que sua ajudante pegue apenas as brasas grandes, deixando as pequenas para as lareiras de cima. As primeiras são mais adequadas para o preparo da carne, e, quando elas tiverem acabado, se por acaso errar no preparo de algum prato, pode culpar justamente a falta de carvão. Ademais, os alicates de brasas certamente não honrarão o trabalho doméstico do senhor se não encontrarem várias brasas grandes misturadas com pedaços de carvão novos. Portanto, poderá preparar a carne com confiança, ser caridosa, elevar a honra ao senhor e às vezes até ganhar uma caneca de cerveja como agradecimento da mulher das cinzas.

Após mandar o segundo prato subir, você não terá nada a fazer (numa família grande) até a ceia, portanto lave as mãos e o rosto, vista o gorro e o cachecol e vá se divertir com seus amigos até nove ou dez da noite. Porém, jante primeiro.

Você e o mordomo sempre terão uma amizade íntima, pois essa união entre os dois é de interesse de ambos. O mordomo gosta de um petisco, e você gosta mais ainda de uma deliciosa taça de licor. Porém, seja cautelosa com ele, que às vezes é um amante inconstante por ter a grande vantagem de atrair as criadas domésticas com uma taça de vinho espanhol ou de vinho branco com açúcar.

Ao assar peito de vitela, lembre-se de que seu querido mordomo adora uma moleja, portanto deixe-a separada até a noite. Você pode dizer que o gato ou o cachorro saiu correndo com ela, ou que estava estragada, ou com ovos de mosca. Ademais, a mesa fica igualmente bonita com ou sem ela.

Quando fizer o convidado aguardar o jantar por muito tempo e a carne tiver passado do ponto, o que geralmente acontece, pode culpar legitimamente a senhora, que a apressou tanto para que o jantar subisse logo que você foi obrigada a enviá-lo assado e fervido demais.

Se quase todos os pratos do jantar deram errado, era inevitável. Você ficou ouvindo provocações dos lacaios que entravam na cozinha, e, para provar que é verdade, aproveite a oportunidade para se zangar e jogar uma concha de sopa em um ou dois dos seus librés. Além disso, a sexta-feira e o dia dos Santos Inocentes são dias de azar, é impossível ter sorte neles — portanto, nesses dois dias, você tem uma desculpa legítima.

Quando estiver com pressa para pegar as louças no alto, vire-as de maneira que uma dúzia caia ao mesmo tempo no aparador, ao alcance da sua mão.

Para poupar tempo e esforços, corte as maçãs e as cebolas com a mesma faca. A distinta aristocracia adora sentir o gosto de cebola em tudo o que come.

Junte três ou quatro libras de manteiga com a mão e depois jogue na parede bem acima do aparador, assim terá alguns nacos prontos para pegar quando precisar.

Se tiver uma caçarola de prata para usar na cozinha, aconselho que a deixe desgastada e escura — é para a honra do senhor, pois indica que o trabalho doméstico é constantemente bem-feito. E arranje espaço para a caçarola colocando-a em cima das brasas etc.

Da mesma forma, se tiver uma grande colher de prata na cozinha, deixe metade da cavidade se desgastar de tanto raspar e mexer, e diga alegre e frequentemente: esta colher não deve nenhum serviço ao senhor.

Quando mandar subir um prato de caldo de carne, de papa ou de algo semelhante para o senhor durante a manhã, não se esqueça de colocar sal na lateral do prato com o polegar e mais dois dedos. Se usar uma colher ou a ponta de uma faca, correrá o risco de o sal cair, o que seria um sinal de azar. Apenas lembre-se de lamber os dedos antes de se oferecer para tocar o sal.

Instruções para o lacaio

Seu ofício, por ser de natureza mista, compreende uma grande variedade de deveres. A probabilidade de que se torne o preferido do senhor ou da senhora é grande, ou dos pequenos senhores e das pequenas senhoritas. Você é o cavalheiro encantador da família, por quem todas as criadas domésticas se apaixonam. Às vezes, torna-se modelo de como se vestir para o senhor, e às vezes é ele que desempenha esse papel. É você quem serve à mesa para todos os convidados e, portanto, tem a oportunidade de ver e conhecer o mundo, e de conhecer os homens e seus comportamentos. Admito que suas gorjetas são pequenas, a não ser que seja enviado com um presente ou sirva chá no interior. Porém, é chamado de senhor na vizinhança, e às vezes ganha uma fortuna, talvez da filha do senhor. Também conheço muitos que são bons soldados no exército. Na cidade, há um lugar que lhe é reservado na casa de espetáculos, onde tem a oportunidade de se tornar um conhecedor e crítico. Não tem nenhum inimigo declarado além do povo e da aia da senhora, que às vezes o chama de ajudante. Venero de fato o seu ofício, pois já tive a honra de ser um dos seus, trabalho que abandonei tolamente quando me rebaixei e aceitei um emprego na alfândega. Porém, para que você, meu caro, tenha mais sorte, pronunciarei aqui as minhas instruções, fruto de muita reflexão e observação, e de sete anos de experiência.

Para aprender os segredos de outras famílias, conte os do seu senhor. Assim, você se tornará o preferido em sua casa e fora dela, além de ser visto como uma pessoa de importância.

Nunca apareça nas ruas com um cesto ou pacote nas mãos, e não carregue nada além daquilo que puder esconder no bolso, caso contrário, estará desgraçando a sua ocupação. Para impedir isso, tenha sempre um garoto de serviço para carregar suas coisas, e, se quiser vinténs, pague-o com uma bela fatia de pão ou sobra de carne.

Peça que o engraxate limpe os seus sapatos primeiro, para não sujar o quarto, e depois os do senhor. Mantenha-o deliberadamente para esse propósito e para cuidar de suas incumbências, e pague-o com sobras de comida. Quando receber uma tarefa, trate de incluir alguma atividade pessoal, como ver a namorada ou tomar uma caneca de cerveja com alguns amigos criados, pois assim ganhará bastante tempo.

Há uma grande discussão a respeito da maneira mais conveniente e delicada de segurar o prato durante as refeições. Alguns o enfiam entre a estrutura e as costas da cadeira, o que é excelente e vantajoso, quando sua forma permitir. Outros, com medo de que o prato caia, agarram-no com tanta firmeza que os polegares chegam ao meio da parte funda, mas caso seu polegar esteja seco, esse método não é seguro, portanto aconselho que umedeça a parte carnuda da mão com a língua. Quanto a esse costume absurdo de deixar a parte de trás do prato encostar na concha da mão, recomendado por algumas damas, ele já foi universalmente refutado por ser propenso a tantos acidentes. Outros são tão refinados que seguram o prato bem embaixo da axila esquerda, o que é o melhor jeito de mantê-lo aquecido, mas pode ser perigoso na hora de levar alguma travessa, pois o seu prato pode terminar caindo na cabeça de algum convidado. Confesso que discordo de todas essas maneiras, que tentei com frequência e, portanto, recomendo uma quarta: enfie o prato, incluindo a borda, na lateral esquerda, entre seu colete e sua camisa, deixando-o tão aquecido quanto se estivesse debaixo da sua axila ou *ockster*, como os escoceses chamam. Assim, você o esconderá e os desconhecidos acharão que é um criado superior, bom demais para segurar um prato, e também impedirá que ele caia. Ademais, quando guardado assim, ele fica à disposição para quando precisar tirá-lo rapidamente para algum convidado a seu alcance que possa querê-lo. Por último, esse método é conveniente por outro motivo: sempre que estiver servindo e sentir vontade de tossir ou espirrar, você pode remover o prato imediatamente e segurar a parte funda perto do nariz ou da boca, impedindo que algum líquido esguiche nas travessas ou no vestido das damas. Quando isso acontece, os cavalheiros e damas usam um chapéu ou um lenço, mas um prato é menos sujo e lavado mais rapidamente do que essas duas outras opções, pois depois de tossir ou espirrar, ao guardá-lo no mesmo lugar, sua camisa o limpará com esse gesto.

Tire as maiores travessas e coloque-as na mesa com apenas uma mão, para mostrar às damas seu vigor e sua força, mas sempre o faça entre duas damas, pois caso a travessa escorregue, a sopa ou o creme cairá em suas roupas, sem sujar o chão; dois colegas nossos, honrados amigos meus, ganharam imensas fortunas fazendo isso.

Aprenda todas as palavras, músicas, xingamentos e cenas de peças que estejam na moda e que sua memória consiga decorar. Assim, você se tornará a alegria de nove em cada dez donzelas, e motivo de inveja de noventa e nove em cada cem rapazes.

Em certos momentos, especialmente durante o jantar, quando há membros da alta sociedade presentes, saia da sala juntamente com todos os outros lacaios, assim vocês amenizarão um pouco o cansaço da espera, e ao mesmo tempo os convidados se sentirão mais à vontade para conversar por não estarem constrangidos com sua presença.

Quando for instruído a entregar um recado, faça-o com suas próprias palavras, por mais que seja a um duque ou a uma duquesa, e não use as palavras do senhor nem da senhora, pois como eles entenderiam o conteúdo da mensagem tão bem quanto você, que foi preparado para o ofício? Porém, só entregue a resposta quando alguém pedir, e adorne-a com seu próprio estilo.

Quando o jantar acabar, carregue uma enorme pilha de pratos até a cozinha, e ao chegar ao topo da escada, derrube todos eles diante de si. Não há nada mais agradável de se ver ou ouvir, especialmente se forem de prata, além do trabalho que lhe será poupado, pois eles irão parar ao lado da porta da cozinha esperando o lavador de pratos.

Se está subindo com carne assada numa travessa e ela cair da sua mão antes de entrar na sala de jantar, deixando a carne no chão e o molho derramado, recolha a carne delicadamente, limpe-a na aba do seu libré, coloque-a de volta na travessa e sirva. Quando a senhora sentir falta do molho, diga que ele virá num prato separado.

Ao carregar uma travessa de carne, mergulhe os dedos no molho ou prove-o com a língua, para ver se está bom o suficiente para a mesa do senhor.

Não há ninguém melhor do que você para julgar as amizades que a senhora deve ter, portanto, se ela enviar por você uma mensagem elogiosa ou de negócios a uma família de quem você não gosta, entregue a resposta de maneira que incite uma disputa irreconciliável entre as duas partes, ou se um lacaio dessa família for fazer a mesma coisa, mude a resposta que ela ordenou que entregasse de maneira que a outra família a interprete como uma afronta.

Quando estiver numa hospedagem e não houver nenhum sapateiro, limpe os sapatos do senhor com a parte inferior das cortinas, com um guardanapo limpo ou com o avental da dona da hospedagem.

Nunca limpe os sapatos no raspador, e sim na entrada ou na base da escada, assim ficarão orgulhosos por você ter chegado em casa quase um minuto antes, e o raspador durará mais.

Nunca peça licença para sair, pois assim sempre saberão que você está ausente e pensarão que é um errante ocioso. Porém, se sair e ninguém o vir, poderá voltar para casa sem que percebam que estava fora, e não precisará contar aos conservos onde esteve, pois eles certamente dirão que você estava em casa dois minutos atrás, o que é o dever de todos os criados.

Apague as velas com os dedos e jogue o pavio no chão, depois o pisoteie para evitar mau cheiro, assim não desgastará as espevitadeiras. É também seu dever apagá-las perto do sebo, fazendo-as escorrer para poder presentear a cozinheira com mais gordura, já que é prudente ter um bom relacionamento com ela.

Enquanto rezam antes da refeição, você e seus companheiros devem remover as cadeiras de trás dos convidados, para que, quando forem se sentar novamente, caiam para trás, o que deixará todos alegres.

Porém, seja discreto, contenha sua risada até chegar à cozinha e distraia seus conservos.

Quando souber que o senhor está ocupadíssimo com os convidados, entre e finja que está arrumando o cômodo. Se ele o repreender, diga que achava que ele tinha tocado o sino. Assim, ele se distrairá, não trabalhará excessivamente em seus negócios, não se cansará conversando e nem se preocupará com os próprios pensamentos, pois tudo isso faz mal à sua saúde.

Se for ordenado a quebrar a pata de uma lagosta ou de um siri, bata-a entre as laterais da porta da sala de jantar, entre as dobradiças. Assim, poderá fazer isso aos poucos, sem esmagar a carne, o que costuma ser feito com a chave da casa ou com o pilão.

Ao pegar o prato sujo de algum convidado e vir a faca e o garfo sujos sobre ele, mostre sua destreza: erga o prato e jogue a faca e o garfo na mesa sem que os ossos ou pedaços de carne que sobraram também caiam. O convidado, que tem mais tempo do que você, limpará o garfo e a faca usados.

Ao carregar uma taça de licor para alguém que pediu, não cutuque a pessoa no ombro, nem diga «senhor, ou senhora, aqui está a taça». Seria falta de educação, como se você tivesse uma mentalidade própria para impingir a alguém. Fique parado ao lado do ombro esquerdo da pessoa e aguarde. Se ela derrubar a bebida com o cotovelo por esquecimento, a culpa será dela e não sua.

Quando a senhora ordenar que providencie uma carruagem de aluguel num dia chuvoso, volte no interior da carruagem para poupar suas roupas e não ter o trabalho de andar. É melhor que a saia dela se suje com a lama dos seus sapatos do que você estragar o seu libré e pegar um resfriado.

Não há indignidade maior ao seu ofício do que iluminar o senhor nas ruas com uma lanterna, portanto, tentar evitá-la de todas as maneiras é mais do que justo. Ademais, o senhor fica aparentando ser pobre ou avarento, as duas piores qualidades que encontrará em qualquer serviço. Quando estive nessas circunstâncias, fiz uso de vários recursos engenhosos, que recomendo a você: às vezes eu levava uma vela tão longa que alcançava o topo da lanterna e a queimava, mas o senhor, após me dar uma tareia, ordenava que eu a forrasse com papel. Então eu usava uma vela média, mas a deixava tão solta no bocal que ela se inclinava para o lado e queimava um quarto inteiro da lanterna. Em seguida, usava um pedaço de vela de meia polegada, que se fixava no fundo do bocal e derretia a solda, forçando o senhor a caminhar metade do caminho no escuro. Depois ele me obrigou a enfiar duas polegadas de vela no lugar onde ficava o bocal, e depois disso fingi tropeçar, apagar a vela e quebrar todas as partes metálicas. Por último, ele foi obrigado a usar um carregador de lanterna por ser um ótimo gestor doméstico.

É muito lamentável que os cavalheiros do nosso ofício tenham somente duas mãos para tirar pratos, travessas, garrafas e objetos semelhantes da sala durante as refeições. E o infortúnio se torna ainda maior por ser necessário usar uma das mãos para abrir a porta enquanto se carrega o peso. Portanto, aconselho deixar a porta sempre encostada para que conseguia abri-la com o pé, assim poderá carregar uma pilha de pratos e travessas que vai da barriga até o queixo, além de uma bela quantidade de coisas debaixo dos braços, poupando-o de muitos passos cansativos. Porém, só deixe parte da sua carga cair depois que sair da sala, e se possível longe o suficiente para que não escutem.

Se estiver encarregado de ir aos correios levar uma carta numa noite fria e chuvosa, vá até a cervejaria e fique tomando uma caneca até a hora de cumprir seu dever, mas aproveite a próxima oportunidade para enviar a carta cuidadosamente, pois é do feitio de um criado honesto.

Se receber a ordem de fazer café para as senhoras após o jantar e a água da panela tiver escorrido enquanto você procurava uma colher para mexer, ou pensava em alguma coisa, ou tentava arrancar um beijo da criada de quarto, enxugue as laterais da panela com um pano de prato, carregue o café corajosamente e, quando a senhora achá-lo fraco demais e perguntar se ele não transbordou, negue o fato veementemente, jure que colocou mais café do que o normal, que se esforçou para que ficasse melhor do que o normal porque a senhora estava com suas convidadas, que os criados da cozinha confirmarão o que está dizendo. Assim, verá que as outras senhoras dirão que seu café está ótimo, e a senhora confessará que seu paladar não está tão bom e futuramente suspeitará de si mesma e será mais cautelosa antes de apontar erros. Peço que faça isso por uma questão de consciência, pois café não é nada saudável. Pelo afeto que sente pela sua senhora, precisa prepará-lo o mais fraco possível. Com esse argumento, quando desejar fazer um agrado a uma criada com uma xícara de café fresco, você pode, e deve, tirar parte do pó por causa da saúde da senhora e conquistar a boa vontade de suas criadas.

Se o senhor mandá-lo entregar um pequeno presente para um de seus amigos, tome cuidado como se fosse um anel de diamantes. Portanto, se o presente for apenas meia dúzia de maçãs, mande o criado que recebeu a mensagem subir para dizer que você recebeu a ordem de entregá-las em mãos. Assim demonstrará sua precisão e seu cuidado para evitar acidentes ou erros, e o cavalheiro ou a dama não poderão deixar de lhe dar um xelim. Então, quando o senhor receber um presente semelhante, instrua o mensageiro que o trouxe a fazer o mesmo, e dê indiretas ao senhor que incitem sua generosidade, pois criados devem se ajudar, já que é tudo pela honra do senhor —

a principal questão a ser analisada por todo bom criado, e que ele julga como ninguém.

Quando for a algum lugar próximo para fofocar com uma donzela, ou para tomar uma caneca cheia de cerveja, ou para ver um amigo criado ser enforcado, deixe a porta da casa aberta para não precisar bater, fazendo o senhor descobrir que você saiu, pois passar quinze minutos longe não prejudicará o serviço que presta a ele.

Ao levar os restos de pão após o jantar, coloque-os em pratos sujos e pressione-os para baixo com outros pratos no topo, para que ninguém encoste neles. Assim, serão uma bela gratificação para o garoto de serviço que estiver trabalhando.

Quando for obrigado a limpar os sapatos do senhor com as próprias mãos, use a ponta da faca mais afiada, e seque-os com os polegares a um centímetro do fogo, pois sapatos úmidos são perigosos e, além disso, dessa maneira, eles serão seus em menos tempo.

Em algumas famílias, o senhor costuma mandar buscar uma garrafa de vinho na taverna, e você é o mensageiro; aconselho-o, portanto, a pegar a menor garrafa que encontrar, mas faça o rapaz do bar lhe dar um quarto de galão, assim terá um belo gole para si mesmo e a garrafa ficará cheia. Quanto à rolha para tampá-la, não é preciso se incomodar, pois o polegar também serve, ou um pedaço de papel sujo mastigado.

Em todas as discussões com carregadores e cocheiros por pedirem demais, quando o senhor o enviar lá para baixo para regatear com eles, tenha pena dos coitados e diga ao senhor que eles não aceitarão nem um quarto de pêni a menos. É mais interessante para você dividir uma caneca de cerveja do que economizar um xelim para o senhor, uma ninharia para ele.

Enquanto estiver servindo à senhora numa noite escura, se ela estiver usando a carruagem, não caminhe ao seu lado, pois terminará se cansando e se sujando. Suba no seu lugar atrás dela e segure a tocha inclinada sobre o teto da carruagem. Quando ela precisar de espevitamento, lance-a contra os cantos da carruagem.

Ao deixar a senhora na igreja aos domingos, você tem duas horas garantidas para passar com seus companheiros na cervejaria, ou comer um bife e tomar uma caneca de cerveja em casa com a cozinheira e com as criadas. De fato, são tão poucas as oportunidades que os pobres criados têm de serem felizes que não devem desperdiçar nenhuma.

Nunca use meias enquanto serve durante uma refeição, por causa de sua própria saúde, assim como a daqueles sentados à mesa; pois, além de a maioria das senhoras gostar do cheiro dos dedos dos pés dos jovens, esse é um excelente remédio para a melancolia.

Escolha um serviço, se puder, em que as cores do seu libré sejam no mínimo espalhafatosas e chamativas: verde e amarelo traem imediatamente o seu ofício, assim como todos os tipos de renda, exceto a prateada, que dificilmente será exigida, a não ser que um duque ou algum perdulário visite sua propriedade. As cores que deve desejar são o azul ou o castanho misturado com vermelho, que, juntamente com uma espada emprestada, o comportamento adequado, o linho do senhor e uma confiança grande e natural, lhe dão o título que quiser onde não for conhecido.

Ao levar louças ou outras coisas para fora da sala durante as refeições, encha as mãos o máximo possível, pois apesar de às vezes terminar derramando ou derrubando alguma coisa, ao fim do ano você verá que sua eficiência foi imensa e que poupou bastante tempo.

Se o senhor ou senhora estiver caminhando pelas ruas, fique ao lado dele ou dela, acompanhando o máximo possível, para que as pessoas que observam achem que você não pertence a eles ou que é um dos seus companheiros. Porém, se algum deles se virar e falar com você, fazendo-o ter de tirar o chapéu, use apenas o polegar e o indicador, coçando a cabeça com o resto.

Durante o inverno, acenda o fogo da sala de jantar apenas dois minutos antes de o jantar ser servido, para que o senhor veja o quanto você está economizando suas brasas.

Quando receber ordem de mexer no fogo, afaste as cinzas do meio das barras com a vassoura de brasas.

Quando receber ordem de chamar uma carruagem, apesar de ser meia-noite, vá somente até a porta para não estar longe quando sua presença se fizer necessária. Fique parado gritando — Cocheiro, Cocheiro! — por meia hora.

Apesar de vocês cavalheiros de librés terem o infortúnio de serem tratados com vileza por toda a humanidade, sei que fazem o possível para manter o ânimo, e às vezes conseguem fortunas consideráveis. Eu era amigo íntimo de um dos seus camaradas, que era lacaio de uma dama da corte: ela tinha uma ocupação honrável, era irmã de um conde e viúva de um homem de berço. Ela achou o meu amigo tão adorável, com a graça com que tropeçava na frente de sua cadeira e com que colocava o cabelo debaixo do chapéu, que tentou seduzi-lo várias vezes. Certo dia, enquanto tomava ar na carruagem com Tom atrás dela, o cocheiro errou o caminho e parou numa capela privilegiada, onde os dois se casaram, e Tom voltou para casa dentro da carruagem, ao lado de sua senhora. Porém, ele infelizmente a ensinou a tomar aguardente, do que ela morreu, após empenhorar toda sua prataria para poder comprá-la, e agora Tom é um oficial encarregado da preparação do malte.

Boucher, o famoso jogador, era outro membro da nossa categoria, e quando valia 50 mil libras cobrou persistentemente ao duque de Buckingham. Eu poderia citar muitos outros exemplos, em particular um, cujo filho tinha uma das principais ocupações da corte, e basta aconselhá-lo a respeito do seguinte: seja impertinente e atrevido com toda a humanidade, sobretudo com o capelão, com a aia e com os criados superiores da família de uma pessoa de berço. Não se incomode com um chute nem com uma bengalada ocasional, pois sua insolência compensará no final, e, por usar um libré, você provavelmente logo terá um cargo no exército.

Quando estiver aguardando atrás de uma cadeira durante as refeições, fique remexendo sem parar na parte posterior do respaldar, para que a pessoa à frente saiba que está pronto para servi-la.

Ao carregar uma pilha de pratos de porcelana, se por acaso eles caírem, um infortúnio frequente, sua desculpa deve ser a de que um cachorro passou correndo diante de você no corredor; que a criada de quarto acidentalmente empurrou a porta sobre você; que havia um esfregão na entrada e tropeçou; que sua manga ficou presa na chave ou no botão da fechadura.

Quando o senhor e a senhora estiverem conversando juntos no quarto de dormir, se suspeitar que o assunto diz respeito a você e seus conservos, fique escutando na porta para o bem público de todos os criados, e os reúna para tomar as providências adequadas e evitar quaisquer inovações que possam prejudicar a comunidade.

Não se torne orgulhoso na prosperidade: já ouviu falar que a sorte é uma roda girando; se estiver numa boa situação, você está no topo da roda. Lembre-se de quantas vezes ficou sem nada, sendo expulso de uma casa aos chutes, com o ordenado liquidado com antecedência e gasto em sapatos de salto vermelho usados, perucas de segunda mão e punhos de renda remendados, além de uma dívida oscilante com a proprietária da cervejaria e com a loja de aguardente. O empregado da casa de bebidas vizinha, que antes o convidava para provar um delicioso pedaço de bochecha de boi de manhã, de graça, cobrando apenas a bebida, logo depois que você foi dispensado em desgraça, levou um pedido ao senhor para ser pago do seu salário, do qual nem um quarto de um pêni era devido, e depois o perseguiu com meirinhos por cada adega sem saída. Lembre-se da rapidez com que adquiriu um aspecto maltrapilho, desgastado, com sapatos esburacados; foi obrigado a pegar emprestado um libré velho, para ficar mais apresentável enquanto procurava trabalho; e entrava escondido em toda casa onde havia algum velho conhecido que roubasse sobras de comida para manter sua vida e sua alma atinadas. Era a posição mais baixa da vida humana, que, como diz a velha balada, é a do ajudante que perdeu o emprego. Então eu digo: lembre-se de tudo isso agora, na sua condição de sucesso. Ajude o quanto puder seus antigos amigos que estiverem à mercê desse enorme mundo; tome um deles como seu dependente para cuidar das incumbências da senhora, quando estiver com disposição de ir à cervejaria; de vez em quando, dê um pedaço de pão escondido para ele, e um pedaço de carne fria, pois o senhor pode pagar; e se ele ainda não tiver acomodação, deixe que durma na estrebaria, ou na cocheira, ou debaixo da escada dos fundos, e recomende-o a todos os cavalheiros que frequentam sua casa como um excelente criado.

Envelhecer no ofício de lacaio é a maior indignidade de todas. Portanto, quando perceber que os anos estão passando sem nenhuma esperança de obter uma posição na corte, um comando no exército, uma sucessão para um cargo administrativo, um emprego na receita (para os dois últimos, é necessário saber ler e escrever) ou de fugir com a sobrinha ou com a filha do senhor, aconselho fortemente que se torne um salteador, o único cargo de honra que lhe restou. Você encontrará muitos dos velhos camaradas, terá uma vida curta e feliz, e deixará uma impressão na sua partida, a respeito da qual darei algumas instruções.

Meu último conselho tem a ver com o seu comportamento quando for ser enforcado, seja por roubar o senhor, invadir alguma casa ou se tornar salteador, ou por matar o primeiro homem que avistou durante uma briga de bêbados, e é devido a uma dessas três qualidades: amar uma boa amizade, uma atitude nobre ou um espírito demasiado vivaz. O seu bom comportamento é de interesse de toda a comunidade. Negue o fato com toda a solenidade de uma maldição: cem dos seus amigos, caso sejam admitidos, esperarão perto da sala de audiências, prontos para lhe dar uma boa referência perante a corte, se pedirem. Não permita que nada o faça confessar, a não ser a promessa de um perdão, mas suponho que tudo isso será em vão, pois, se escapar agora, terá o mesmo destino em outro momento. Peça para o melhor autor de Newgate escrever um discurso, algumas das suas bondosas donzelas providenciarão uma camisa de Holanda e um gorro branco, coroado com uma fita carmim ou preta. Despeça-se alegremente de todos os seus amigos em Newgate. Suba na carroça com coragem; caia de joelhos; erga os olhos; segure um livro nas mãos, apesar de não saber ler uma única palavra; negue o fato na forca; beije e perdoe o carrasco, e então adeus. Será enterrado com pompa, custeada pelos seus companheiros. O cirurgião não tocará em nenhum dos seus membros, e sua fama continuará até um sucessor de igual renome suceder ao seu lugar.

Instruções para o cocheiro

Você não é obrigado a fazer estritamente nada além de entrar na carruagem e transportar o senhor ou a senhora.

Deixe seus cavalos tão bem treinados a ponto que, enquanto você aguarda a senhora durante uma visita, eles esperem você entrar numa cervejaria vizinha e tomar uma caneca com um amigo.

Quando não estiver disposto a conduzir, diga ao senhor que os cavalos estão resfriados, que precisam trocar as ferraduras, que a chuva os maltrata, enrijece a pelagem e estraga o arreio. Isso também se aplica ao palafreneiro.

Se o senhor estiver jantando com um amigo do campo, beba o máximo possível, pois se sabe que um bom cocheiro nunca conduz tão bem quanto ao estar embriagado. Mostre sua habilidade na condução até ficar a uma polegada de um precipício, e diga que, quando está embriagado, dirige melhor.

Se encontrar um cavalheiro que gostou de um dos seus cavalos e que está disposto a recompensá-lo além do preço, convença o senhor a vendê-lo, dizendo que o animal é tão feroz que você não aguenta conduzir a carruagem com ele, e mande-o a pique para a barganha.

Providencie um garoto de serviço para tomar conta da carruagem à porta da igreja aos domingos, assim, você e seus amigos cocheiros podem se divertir juntos na cervejaria enquanto o senhor e a senhora estão na Missa.

Trate de garantir que suas rodas estão boas, e mande comprar um novo conjunto sempre que puder, quer possa ou não ficar com o antigo como gratificação. Caso possa, será um lucro honesto de sua parte; caso não, será um castigo justo para a avareza do senhor. Além disso, o construtor de carruagem provavelmente também passará a estimá-lo.

Instruções para o palafreneiro

O cuidado da honra do senhor em todas as viagens depende inteiramente de você: seu hálito é a sua única morada. Se ele viajar pelo campo e se hospedar numa estalagem, todo copo de aguardente e toda caneca de cerveja que tomar melhora a reputação dele; e, portanto, ela lhe deve ser cara, e espero que também não se prive de nada. O ferreiro, o oficial de seleiro, a cozinheira da estalagem, o palafreneiro e o encarregado das botas devem todos compartilhar da generosidade do seu senhor através de você. Assim, a fama dele chegará de um condado ao outro, e qual o peso de um galão de cerveja, ou um quartilho de aguardente, no bolso do senhor? E apesar de ele provavelmente ser do grupo que valoriza mais o bolso do que a reputação, seu cuidado com esta última deve ser bem maior. O cavalo dele precisava trocar duas ferraduras, o seu precisava de pregos; a quantidade de aveia e de feijão reservada a ele era maior do que a necessária para a jornada; uma terceira parte deve ser poupada e transformada em cerveja ou em aguardente; assim a honra dele será preservada por meio de sua prudência, e o senhor terá menos gastos. Ou, se ele viajar sem nenhum outro criado, a questão é facilmente resolvida na conta entre você e o rapaz do bar.

Portanto, assim que apear na estalagem, entregue seus cavalos ao rapaz da cavalariça e deixe que galope com eles até o lago mais próximo. Em seguida, peça uma caneca de cerveja, pois é muito apropriado um cristão beber diante de um animal. Deixe seu senhor ao cuidado dos criados da estalagem, e os seus cavalos, aos da cavalariça. Assim, tanto ele quanto os animais ficarão sob os cuidados das pessoas mais adequadas, mas você também precisa prover para si próprio, portanto faça sua ceia, beba abundantemente e vá dormir sem incomodar o senhor, que está sendo mais bem cuidado do que se estivesse com você. O rapaz da estrebaria é honesto, realmente ama cavalos e não faria mal àquelas criaturas tolas por nada. Seja zeloso com o senhor e ordene que os criados não o acordem muito cedo. Tome café da manhã antes de ele acordar, para que ele não tenha de aguardá-lo; peça para o rapaz da estrebaria dizer a ele que as estradas estão ótimas, e que faltam poucas milhas, mas que também é prudente ficar um pouco mais até o tempo melhorar, pois você teme que chova, e haverá bastante tempo depois do almoço.

Deixe o senhor montar antes de você, por uma questão de educação. Quando ele estiver saindo da estalagem, elogie o rapaz da estrebaria que tomou conta dos animais, e acrescente que nunca viu criados tão educados. Deixe o senhor sair cavalgando, e aguarde até o dono da estalagem lhe dar um trago de aguardente. Em seguida, galope atrás do senhor pela cidade ou pela vila à toda velocidade, para o caso de ele necessitar da sua presença e para mostrar que domina a arte da cavalaria.

Se for um ferrador, como todo bom palafreneiro deve ser, pegue vinho espanhol, aguardente ou cerveja para esfregar nos cascos dos cavalos toda noite, e não seja frugal, pois sabe como se livrar do que sobrar (se algo for usado).

Considere a saúde do senhor e, em vez de deixar que ele faça longas viagens, diga que os animais estão fracos e desabaram de exaustão. Diga que tem uma ótima estalagem cinco milhas antes de onde ele desejava parar; ou deixe uma das ferraduras dianteiras frouxas pela manhã, ou invente que a sela pode beliscar as cernelhas do animal; ou passe a manhã e a noite inteiras sem alimentá-lo com milho, para que ele se canse na estrada; ou enfie uma fina placa de ferro entre o casco e a ferradura para que ele manque; tudo isso por puro afeto pelo seu senhor.

Quando estiver para ser contratado e o cavalheiro perguntar se costuma se embriagar, admita abertamente que adora tomar uma boa caneca de cerveja, mas que, embriagado ou sóbrio, nunca negligencia seus cavalos.

Quando o senhor quiser cavalgar para tomar um ar ou por prazer, se servi-lo lhe for inconveniente por algum motivo pessoal, informe-o de que os cavalos precisam de drenagem e de purgação; que o seu próprio cavalo de passeio está indigesto; ou que a sela precisa ser estofada; e que suas rédeas foram para o conserto. Pode fazer isso honestamente, pois não causará nenhum dano aos cavalos nem ao senhor, e, ao mesmo tempo, estará demonstrando o quanto se importa com essas pobres e tolas criaturas.

Se houver uma estalagem na cidade para onde estão seguindo em que você conhece bem o rapaz da estrebaria, o do bar e as pessoas da casa, encontre defeitos nas outras estalagens e recomende a sua ao senhor. Provavelmente ganhará uma caneca de cerveja e mais um ou dois tragos de aguardente, para a honra do senhor.

Se o senhor o enviar para comprar feno, feche negócio com quem for mais generoso com você; pois, como servir não é o mesmo que herdar, não deve perder nenhuma gratificação legítima e costumeira. Se o próprio senhor compra, ele o está prejudicando, e para lhe ensinar seu dever, trate de encontrar defeito no feno enquanto ele durar, e se os cavalos se derem bem com ele, a culpa é sua.

Sob o manuseio de um palafreneiro habilidoso, feno e aveia se transformam numa deliciosa cerveja, e também em aguardente, mas essa é apenas uma sugestão.

Quando o senhor jantar ou passar a noite na casa de um cavalheiro no campo, mesmo que não haja palafreneiro ou que ele esteja viajando, ou que os cavalos sejam bem negligenciados, trate de usar alguns criados para segurar o cavalo enquanto o senhor monta. É algo que eu faria mesmo se o senhor desmonta para visitar apenas por alguns minutos, porque os criados devem sempre se tornar amigos, e isso também reflete na honra do senhor, pois ele não pode deixar de dar uma moeda para aquele que segura seu cavalo.

Em longas jornadas, peça licença ao senhor para dar cerveja aos cavalos. Carregue meio galão inteiro até a cavalariça, derrame meio quartilho numa tina e, se eles não quiserem tomar, você e o rapaz da estrebaria devem fazer o que puderem. Talvez o humor deles melhore na próxima estalagem, portanto, nunca deixe de tentar.

Quando for levar os cavalos para tomar ar no parque ou nos campos, entregue-os ao rapaz dos cavalos ou a um dos garotos de serviço, pois, como eles são mais leves do que você, causarão menos danos aos cavalos durante a corrida e os ensinarão a saltar por cima de valas e cercas, enquanto você toma uma caneca amigável com seus colegas palafreneiros. No entanto, às vezes você e eles farão as corridas, pela honra dos seus cavalos e dos seus senhores.

Nunca prive seus cavalos de feno e de aveia em casa; encha o cocho até o topo, e a manjedoura até a beirada, pois você mesmo acharia ruim ser privado de alguma coisa. Pode ser que eles não tenham fome para comer, mas lembre-se de que também não têm língua para pedir. Se o feno for jogado fora, nada é perdido, pois servirá de cama para os animais, poupando a palha.

Quando o senhor estiver indo embora da casa de um cavalheiro no campo, onde pernoitou, considere sua honra e informe-o a respeito de quantos criados existem de cada sexo, que esperam gorjetas, e sugira que eles formem duas filas enquanto o senhor estiver de saída. Porém, não peça para que ele entregue o dinheiro ao mordomo, por medo de que ele engane os outros. Assim, o senhor se sentirá obrigado a ser mais generoso, e então aproveite a oportunidade para lhe dizer que o nobre com quem você morava antes sempre dava tanto para os criados comuns, e tanto para a governanta, e o restante, dizendo no mínimo o dobro do que ele pretendia dar. Porém, trate de contar aos criados o bom serviço que lhes prestou, assim conquistará o amor deles e honra para o senhor.

Pode arriscar se embriagar com bem mais frequência do que o cocheiro, independentemente do que ele disser para se defender. Você estará colocando em risco apenas o próprio pescoço, pois o cavalo provavelmente cuidará de si próprio e terá apenas uma luxação ou um deslocamento de ombro.

Ao carregar o redingote do senhor durante uma jornada, enrole o seu no interior do dele e ate-os com uma faixa, mas vire o do senhor do avesso para evitar que o exterior se molhe ou suje. Portanto, quando começar a chover, o redingote do senhor estará pronto para ser entregue, e, se ele for mais atingido do que o seu, o senhor tem condições de comprar um melhor, pois o seu libré deve sempre completar o seu ano de trabalho.

Ao entrar na sua estalagem com os cavalos molhados e sujos após uma cavalgada pesada, quando eles estão muito quentes, peça ao rapaz da estrebaria para mergulhá-los imediatamente na água até a barriga, permitindo que tomem o quanto quiserem. Porém, trate de fazê-los galopar em velocidade máxima por no mínimo uma milha, para secar a pelagem e aquecer a água dentro de suas barrigas. O moço da estrebaria entende do seu ofício, portanto, deixe tudo nas mãos dele enquanto toma uma caneca de cerveja e um pouco de aguardente perto da lareira da cozinha conforme seu agrado.

Se uma ferradura do cavalo cair, tenha o cuidado de desmontá-la e pegá-la. Em seguida, cavalgue a toda velocidade (com a ferradura na mão, para que todo viajante que o vir perceba seu zelo) até o próximo ferrador da estrada. Faça-o colocá-la imediatamente para que o senhor não o fique aguardando, e para que o coitado do cavalo passe o mínimo de tempo possível sem a ferradura.

Quando o senhor passar a noite na casa de um cavalheiro, se achar que o feno e a aveia são bons, reclame em voz alta do quanto eles são ruins para descobrir o nome de um criado diligente. Trate de empanturrar os cavalos com o máximo de aveia que aguentarem comer enquanto estiver lá, assim poderá dar muito menos durante alguns dias nas estalagens e transformar a aveia em cerveja. Ao sair da casa do cavalheiro, diga ao senhor que ele era um avarento e que você só recebeu água e soro de leite para tomar. Assim, o senhor terá pena e permitirá que tome uma caneca de cerveja a mais na próxima estalagem, mas, se por acaso se embriagar na casa de um cavalheiro, o senhor não pode ficar zangado, pois ele não gastou nada, então você precisa lhe dizer isso da melhor maneira possível, considerando o seu estado no momento, e que receber bem o criado de um amigo é benéfico para a honra do senhor e para a do cavalheiro.

O senhor sempre deve amar seu palafreneiro, vesti-lo com um belo libré e lhe dar um chapéu com renda prateada. Quando estiver com esses apetrechos, todas as honras que ele receber na estrada serão tão somente por sua causa. O fato de ele não precisar desviar de cada carroça deve-se ao respeito demonstrado pelo seu libré.

De vez em quando, pode emprestar o cavalo de passeio do senhor para um colega criado, ou para sua criada preferida, para uma breve volta, ou alugue-o pelo dia inteiro, pois o cavalo é prejudicado pela falta de exercício. Se o senhor por acaso precisar dele, ou decidir ver a cavalariça, pragueje contra o garoto de serviço que saiu com a chave.

Quando quiser passar uma ou duas horas com seus amigos na cervejaria e precisar de uma desculpa sensata para sua ausência, saia pela porta da cavalariça, ou pelos fundos, com uma rédea antiga, cilha ou estribo no bolso, e ao voltar, entre pela porta da casa com a mesma rédea, cilha ou estribo balançando na mão, como se tivesse voltado do seleiro, onde estava consertando-o. Se não perceberam que você tinha saído, está tudo bem, mas, caso se depare com o senhor, ficará com a reputação de um criado zeloso. Ouvi falar que esse costume faz bastante sucesso.

Instruções para o ecônomo da casa e para o ecônomo da propriedade

O ecônomo de lorde Peterborough, que acabou com a casa dele, vendeu os materiais e cobrou os reparos para o meu senhor. Solicite dinheiro dos inquilinos por abstenção. Renove arrendamentos, sobreviva deles, e venda lenha. Empreste ao senhor o próprio dinheiro dele. Gil Blas falava muito disso, a quem me refiro.

Instruções para o porteiro

Se o senhor for um ministro de Estado, diga que ele não está em casa para ninguém, exceto para: seu rufião, seu principal lisonjeador, um dos seus escrivães assalariados, seu informante e espião contratado, seu tipógrafo em serviço, seu advogado municipal, seu especulador de terras, seu inventor de novos fundos ou um corretor.

Instruções para a criada de quarto

A natureza do seu ofício varia de acordo com o berço, o orgulho e a riqueza da senhora a quem serve; e esta obra é para ser aplicável a todos os tipos de família. Portanto, para mim é uma enorme dificuldade adequá-la ao trabalho para o qual foi contratada. Numa família de renda tolerável, você é diferente da criada doméstica, e a instruirei com base nessa perspectiva. Seu campo de ação é o quarto da senhora, onde você arruma a cama e organiza as coisas. Se mora no campo, cuida dos quartos onde dormem as senhoras que estão de visita, o que rende todas as gratificações que lhe couberem. Seu namorado costuma ser, imagino, o cocheiro, mas se tiver menos de vinte anos e for toleravelmente bonita, talvez um lacaio lance olhares em sua direção.

Peça que seu lacaio preferido a ajude a arrumar a cama; e, se servirem a um casal jovem, o lacaio e você, enquanto trocam a roupa de cama, farão as observações mais lindas do mundo, que, quando sussurradas pelos cantos, entreterão toda a família e chegarão à vizinhança.

Não carregue urinóis para o andar de baixo, para que os rapazes vejam. Esvazie-os pela janela, pela reputação da senhora.

É extremamente impróprio que os criados saibam que damas elegantes precisam usar esses utensílios, e não esfregue o urinol, pois o cheiro é saudável.

Se por acaso quebrar alguma porcelana no lintel ou no armário com o topo do espanador, reúna os fragmentos, junte-os tão bem quanto possível e os posicione atrás das outras. Assim, quando a senhora descobrir, pode afirmar sem medo que aquilo estava quebrado há muito tempo, desde antes de você começar a servi-la. Isso poupará a senhora de muitas horas de aborrecimento.

Às vezes, um espelho se quebra da mesma maneira: enquanto está olhando para outro lado, ao varrer o quarto, a extremidade longa da vassoura atinge o espelho e o despedaça. É o maior dos infortúnios, e sem esperança de solução, porque é impossível esconder. Esse acidente fatal aconteceu uma vez numa importante família onde tive a honra de ser lacaio. Relatarei os detalhes para mostrar a engenhosidade da pobre criada de quarto numa emergência tão repentina e tão terrível, o que talvez ajude a estimular sua própria engenhosidade, caso tenha azar e se depare com uma situação semelhante. A coitada da moça quebrara com a vassoura um enorme vaso japonês muito valioso; ela não tinha pensado por muito tempo quando, com uma perspicácia extraordinária, trancou a porta, foi até o jardim, trouxe uma pedra de três libras para dentro do quarto, quebrou uma vidraça da janela de guilhotina que dava para o mesmo jardim, e depois fechou a porta e se ocupou de outros dos seus afazeres. Duas horas depois, a senhora entrou no quarto, viu os cacos quebrados, a pedra embaixo da janela e toda uma vidraça da janela destruída, concluindo, nessas circunstâncias, exatamente o que a criada queria, que algum vagabundo desocupado da vizinhança, ou talvez um dos criados, por malícia, por acidente ou por descuido, arremessara a pedra e causara o dano. Até então tudo havia corrido bem e a garota conseguira se safar do perigo, mas, para o seu azar, algumas horas depois o clérigo chegou, e a senhora naturalmente lhe contou sobre o acidente, que, como pode imaginar, a deixara transtornada, mas o clérigo, que por acaso entendia de matemática, após examinar a situação do jardim, da janela e da chaminé, logo convenceu a senhora de que a pedra nunca teria alcançado o espelho sem desviar três vezes no percurso iniciado pela mão que a arremessara. E como tinha sido provado que a criada varrera o quarto naquela mesma manhã, ela foi interrogada com rigor, mas negou a própria culpa para se safar, oferecendo-se para jurar pela Bíblia diante de sua reverência, e dizendo que era tão inocente quanto um bebê, mas a pobre moça foi demitida, o que achei uma medida dura, considerando sua engenhosidade. Porém, essa é uma instrução para você inventar uma história que faça mais sentido, caso se encontre numa situação semelhante. Pode dizer, por exemplo, que enquanto trabalhava com uma vassoura ou com um esfregão, um relâmpago entrou repentinamente pela janela, quase cegando-a, que ouviu de imediato o tinido do vidro quebrado na lareira e, assim que recobrou a visão, viu o espelho todo despedaçado. Ou pode alegar que, após perceber que o espelho estava um pouco empoeirado, enquanto o limpava muito delicadamente, ele caiu no chão, supostamente porque a umidade do ar dissolveu a cola ou o cimento. Ou, assim que o dano for feito, pode cortar as cordas que prendiam o espelho ao lambril para que ele caia diretamente no chão; em seguida, saia correndo assustada, conte à senhora, xingue o decorador e afirme que escapou por pouco, que ele quase caiu na sua cabeça. Sugiro esses recursos devido ao meu desejo de defender os inocentes, pois você certamente é inocente se não quebrou o espelho de propósito, o que eu não perdoaria de maneira alguma, exceto no caso de grandes provocações.

Passe óleo no tenaz, no atiçador e na pá da lareira até o topo, não só para impedir que enferrujem, mas também para evitar que pessoas intrometidas desperdicem as brasas do senhor ao mexer no fogo.

Quando estiver com pressa, varra o pó para um canto do quarto, mas deixe a vassoura sobre ele para que não seja visto, o que a desgraçaria.

Nunca lave as mãos nem vista um avental limpo antes de arrumar a cama da senhora, para não amassar o avental nem sujar as mãos novamente.

Ao barrar os fechos das janelas do quarto da senhora à noite, deixe abertos os caixilhos para que entre ar fresco, tornando a manhã mais agradável.

No momento em que for deixar as janelas abertas para o ar entrar, deixe livros ou alguma outra coisa na janela para que também tomem ar.

Ao varrer o quarto da senhora, nunca pegue anáguas sujas, lenços, toucas, alfineteiras, colheres de chá, fitas, pantufas ou o que quer que esteja no seu caminho; varra tudo para um canto e depois recolha tudo simultaneamente, poupando tempo.

Arrumar a cama quando o clima está quente é um trabalho árduo, e você tenderá a transpirar. Logo, ao perceber as gotas escorrendo pela testa, enxugue-as com o canto do lençol, para que não sejam vistas na cama.

Quando a senhora ordenar que lave uma xícara de porcelana, e ela por acaso cair, leve-a para cima e jure que tinha acabado de encostar a mão nela quando a xícara se partiu em três pedaços. Devo informá-la, assim como a seus conservos, que é preciso sempre ter uma desculpa pronta. É algo que não prejudica o senhor de modo algum e que ameniza sua culpa. Nesse caso, não estou a elogiando por ter quebrado a xícara; estou certo de que não a quebrou de propósito, e é de fato possível que ela tenha se partido na sua mão.

Às vezes, você sente vontade de ver um funeral, uma briga, um homem na forca, um casamento, uma alcoviteira sendo levada numa carroça ou algo do tipo. Quando passarem pela rua, erga o caixilho repentinamente, que por azar ficará preso — não é culpa sua; moças são curiosas por natureza. Não há outra solução a não ser cortar a madeira e culpar o carpinteiro, a não ser que ninguém tenha visto, quando então será tão inocente quanto qualquer outro criado da casa.

Vista a anágua da senhora depois que ela tirá-la; é bom para a sua reputação, poupa a sua própria roupa de baixo e não fará mal a ninguém.

Ao colocar uma fronha limpa no travesseiro da senhora, trate de prendê-la bem com alfinetes grandes para que não escape durante a noite.

Ao preparar pão com manteiga para o chá, assegure-se de que todos os buracos na fatia estão cheios de manteiga para manter o pão úmido para o jantar, e deixe a marca do seu polegar visível apenas em uma extremidade de cada fatia, para demonstrar seu asseio.

Quando for ordenada a abrir ou trancar alguma porta, baú ou armário, e não tiver a chave correta ou não conseguir distinguir qual é a correta no molho, tente a primeira chave que conseguir inserir e gire-a com toda a sua força até abrir a tranca ou quebrar a chave, pois a senhora a achará uma tola se voltar até ela sem conseguir ter feito nada.

Instruções para a aia

Dois acidentes diminuíram as comodidades e vantagens do seu emprego. Em primeiro lugar, o costume execrável que se disseminou entre as senhoras de trocar roupas antigas por porcelana, ou reformá-las para cobrir poltronas, ou transformá-las em colchas de retalhos para biombos, bancos, almofadas e afins. Em segundo lugar, a invenção de pequenos baús e arcas com tranca e chave, onde guardam chá e açúcar, sem os quais é impossível uma aia viver, pois assim fica obrigada a comprar açúcar mascavo e a derramar água nas folhas quando elas já perderam todo o gosto. Não consigo arranjar nenhuma solução perfeita para esses dois males. Quanto ao primeiro, acho que todos os criados de cada família deveriam formar uma aliança, em nome do bem público, para manter os vendedores ambulantes de porcelana longe de suas casas; e, quanto ao segundo, não existe nenhum outro método para socorrê-las a não ser uma chave falsa, o que é difícil e perigoso de conseguir, mas estou mais do que certo de que providenciá-la é um ato honesto, pois foi a senhora que causou isso ao lhe recusar uma benesse tradicional e legal. A dona da loja de chás pode até lhe dar meia onça às vezes, mas é apenas uma gota no oceano. Portanto, temo que, assim como as outras aias, você será obrigada a comprar a crédito e a pagar o quanto puder do seu próprio salário, o que poderá ser compensado facilmente se a senhora for bonita, ou suas filhas, ricas.

Se estiver numa família grande, e for a aia da senhora, é provável que o senhor goste de você, apesar de não ter nem metade da beleza de sua esposa. Nesse caso, trate de arrancar dele o máximo possível, e nunca lhe dê nenhuma liberdade, nem mesmo aperte sua mão, a não ser que ele coloque um guinéu nela. Então, aos poucos, faça-o pagar por cada nova tentativa, dobrando a quantia em proporção às concessões que permite, e sempre hesite e ameace gritar ou contar à senhora, apesar de aceitar o dinheiro dele. Cinco guinéus para ele tocar no seu seio é um mau negócio, apesar de você parecer resistir com toda a sua força, mas nunca lhe conceda o último favor por menos de cem guinéus, ou por um pagamento de vinte libras por ano ao longo de sua vida.

Nessa família, se você for bonita, terá a opção de três namorados: o capelão, o ecônomo e o criado pessoal do senhor. Aconselho-a a escolher primeiramente o ecônomo, mas se por acaso for jovem e estiver grávida do senhor, envolva-se com o capelão. Dos três, gosto menos do criado do senhor, pois ele costuma ser vaidoso e insolente quando tira o libré; e se ele não conseguir nenhum cargo no exército ou na alfândega, a única solução que lhe resta é virar salteador.

Alerto-a em particular a respeito do filho mais velho do senhor. Caso seja suficientemente habilidosa, é provável que o convença a se casar com você e a fazer de você uma senhora. Se ele for um devasso vulgar (pois deve ser ou um ou outro), evite-o como se fosse o Satanás: ele sente menos respeito por uma mãe do que o senhor por uma esposa, após dez mil promessas, você não conseguirá nada dele além de uma barriga ou de gonorreia, provavelmente os dois juntos.

Se a senhora estiver doente e cochilando pela manhã após uma péssima noite e um lacaio chegar com uma mensagem para perguntar como ela está, não desperdice o elogio; sacuda-a delicadamente até que acorde, passe adiante o recado, receba sua resposta e deixe-a voltar a dormir.

Se tiver a alegria de servir uma donzela de imensa fortuna, será uma péssima administradora se não conseguir 500 ou 600 libras se livrando dela. Lembre-a que ela é rica o suficiente para deixar qualquer homem feliz; que o amor não traz felicidade alguma; que ela tem a liberdade de escolher quem quiser e não precisa seguir as instruções dos pais, que nunca dão mesadas por uma paixão inocente; que existe um mundo de jovens cavalheiros bonitos, gentis e refinados na cidade, que morreriam alegremente a seus pés; que a conversa entre dois amantes é sentir o Céu na terra; que o amor, assim como a morte, iguala todas as condições; que se ela se interessar por um jovem de classe e posição social inferiores, casar-se com ele o tornaria um cavalheiro; que ontem você viu um lindo porta-bandeira na Alameda; e que se tivesse 40 mil libras, o dinheiro estaria à disposição dele. Trate de informar a todos com que senhora você vive, que você é sua criada preferida e que ela sempre segue seus conselhos. Vá sempre a St. James's Park; os rapazes elegantes logo a descobrirão e darão um jeito de colocar uma carta na sua manga ou no seu colo. Remova-a furiosamente e jogue-a no chão, a não ser que encontre dois guinéus junto com ela, mas, se não encontrar, é porque ele estava apenas dando uma de gaiato. Ao chegar em casa, deixe a carta descuidadamente no quarto da senhora. Se ela a encontrar e ficar zangada, diga que não sabia nada a respeito, e que lembra apenas de um cavalheiro no parque que tentou beijá-la, e que acha que foi ele que colocou a carta na sua manga ou na sua anágua; e de fato ele era o homem mais bonito que já viu, e que ela pode queimar a carta se preferir. Se a senhora for sensata, ela vai queimar outro papel na sua frente e ler a carta depois que você descer. Deve executar esse plano o quanto os riscos permitirem, mas diga que o rapaz mais bonito é aquele que paga melhor por carta. Se um lacaio se atrever a levar uma carta a ser entregue por você para a senhora, mesmo que seja seu melhor cliente, jogue-a na cabeça dele; chame-o de patife e vigarista descarado, e bata a porta na sua cara; vá até a senhora rapidamente e, como prova da sua fidelidade, conte o que fez.

Poderia me estender muito mais sobre o tema, mas o confiarei ao seu bom senso.

Se serve uma senhora que tem certa inclinação para galanteios, lidar com isso exigirá muita prudência, e três coisas são necessárias. Primeiramente, como agradar à senhora; em segundo lugar, como impedir que seu marido suspeite, ou sua família; e por último, porém o mais importante, como usar a situação para o seu próprio proveito. Para instrui-la completamente em relação a essa importante questão, eu precisaria de um enorme volume. Todos os encontros amorosos em casa são perigosos tanto para a senhora quanto para você, portanto providencie outro lugar para eles sempre que possível, especialmente se a senhora, o que é muito provável, entretiver mais de um amante, cada um mais ciumento do que mil maridos; e encontros inesperados e muito infelizes costumam acontecer sob a melhor das supervisões. Não preciso alertá-la para favorecer sobretudo aqueles que lhe são mais generosos. Porém, se a dama se encantar por um belo lacaio, você deve ser suficientemente bondosa e ter paciência com seu capricho, pois não é uma peculiaridade, mas um desejo muito natural — ainda é a mais segura das paixões domésticas e antigamente era a de que menos se suspeitava, até se tornar mais comum nos últimos anos. O grande perigo é que esse tipo de gente pode não ser sã; e assim a senhora e você ficarão desesperadas de uma péssima maneira, apesar de não por completo.

Porém, para dizer a verdade, confesso que é presunção da minha parte oferecer a você quaisquer instruções a respeito dos amores da sua senhora, quando as aias já são especialistas no assunto, apesar de ele ser bem mais difícil de compreender do que a assistência que meus companheiros lacaios dão aos senhores em ocasiões similares, e, portanto, deixo essa questão para ser tratada por uma caneta mais habilidosa.

Ao trancar um mantó ou uma peruca rendada num baú, deixe um pedaço para fora, assim saberá onde o encontrar quando abri-lo novamente.

Instruções para a criada doméstica

Se o senhor e a senhora passarem uma semana ou mais no campo, limpe o quarto de dormir e a sala de jantar somente uma hora antes de voltarem, para que os cômodos estejam perfeitamente limpos para recebê-los, e assim não terá o incômodo de lavá-los novamente tão cedo.

Fico bastante ofendido com aquelas senhoras que são tão orgulhosas e preguiçosas que nem se dão o trabalho de ir até o jardim para pegar uma rosa, mas mantêm um utensílio odioso, às vezes no próprio quarto de dormir, ou pelo menos num gabinete contíguo e escuro, que usam para aliviar suas piores necessidades; e vocês costumam ser as carregadoras do recipiente, o que deixa o quarto e até mesmo as roupas dela repugnantes para todos que se aproximam. Agora, para curar esse costume detestável, aconselho você, a quem cabe essa função, a levar o recipiente para longe, e que o faça abertamente, pela escada principal e na presença de lacaios, e se alguém bater à porta da casa, abra-a enquanto estiver com o recipiente cheio nas mãos. Isso, mais do que qualquer outra coisa, fará a senhora se esforçar para evacuar no lugar adequado em vez de expor sua imundície a todos os criados da casa.

Deixe um balde de água suja com um esfregão dentro, uma carvoeira, uma garrafa, uma vassoura, um penico e outras coisas nada apresentáveis, ou numa área sem saída, ou na parte mais escura da escada dos fundos, para que não sejam vistas, e se alguma pessoa quebrar a canela por tropeçar nelas, a culpa é dela.

Esvazie os penicos apenas quando estiverem quase cheios. Se acontecer durante a noite, esvazie-os na rua; se durante a manhã, no jardim; pois seria um trabalho incessante ir uma dúzia de vezes da água-furtada e dos quartos de cima até os fundos; mas nunca os lave com nenhum líquido, somente com o seu próprio, pois que donzela asseada chapinharia com as mãos na urina de outrem? Ademais, o cheiro de urina, como já observei, é ótimo para melancolia, o que sua senhora muito provavelmente sofre.

Remova as teias de aranha com uma vassoura úmida e suja, pois assim elas grudarão mais rapidamente e você as tirará com mais eficiência.

Ao limpar a lareira da sala de estar de manhã, jogue as cinzas da noite anterior numa peneira, e o que passar por ela, enquanto você a leva para baixo, servirá de areia para as salas e para a escada.

Após esfregar os instrumentos de sopro e a grelha da chaminé da sala de estar, coloque o pano úmido e sujo na cadeira mais próxima, para que a senhora veja que não negligenciou o seu trabalho. Cumpra a mesma regra ao limpar os cadeados de bronze, mas com um detalhe a mais: deixe as marcas dos seus dedos na porta, para mostrar que não esqueceu.

Deixe o urinol da senhora na janela do quarto de dormir durante o dia inteiro para que tome ar.

Leve para a sala de jantar e para o quarto da senhora apenas brasas grandes; elas fazem os melhores fogos e, se achar que estão grandes demais, é fácil quebrá-las no piso de mármore da lareira.

Quando for se deitar, trate de cuidar do fogo e apague a vela com um sopro, depois enfie-a debaixo da sua cama. Lembre-se de que o cheiro do pavio é ótimo para a melancolia.

Convença o lacaio que a engravidou a se casar com você antes dos seis meses de gestação. Se a senhora perguntar por que aceitou um rapaz sem nenhum valor, responda que servir não é o mesmo que herdar.

Quando a cama da senhora estiver arrumada, coloque o urinol sob ela, mas de modo a empurrar o dossel junto, para que ele fique completamente visível e pronto para a senhora quando ela quiser usá-lo.

Tranque um gato ou um cachorro em algum quarto ou armário para fazer o barulho se espalhar pela casa inteira e afastar ladrões, caso alguém queira invadir ou roubar.

Ao lavar algum cômodo mais próximo da rua durante a noite, jogue a água suja pela porta da casa, mas trate de não olhar para frente, assim a pessoa em quem a água cair não achará que você é rude e que fez propositalmente. Se a vítima quebrar as janelas para se vingar, e a senhora a repreender e ordenar enfaticamente que carregue o balde para baixo e o esvazie na pia, a solução é fácil: ao lavar um quarto de cima, carregue o balde para baixo fazendo a água pingar na escada até a cozinha, assim não só o seu peso diminuirá, mas você convencerá a senhora de que é melhor jogar a água pela janela, ou nos degraus da porta da casa. Além disso, esse costume será muito divertido para você e para a família numa noite gélida, pois verão muitas pessoas na porta caindo de cara ou de traseiro no chão quando a água estiver congelada.

Faça o polimento do piso de mármore das lareiras e das partes da chaminé com um pano embebido em gordura, pois nada o faz brilhar tanto, e às senhoras cabe cuidar de suas anáguas.

Se sua senhora é tão generosa que deseja que seu quarto seja esfregado com pedra de cantaria, trate de deixar marcas de seis polegadas de profundidade ao redor da base do lambril, para que ela veja que você está obedecendo às suas ordens.

Instruções para a leiteira

Fadiga de fazer manteiga: coloque água fervente no recipiente, apesar de ser verão, e bata perto do fogo da cozinha, e com nata feita uma semana antes. Guarde a nata para o seu namorado.

Instruções para a criada encarregada das crianças

Se uma criança estiver doente, dê-lhe o que ela quiser comer ou beber, mesmo que tenha sido proibido pelo médico, pois o que desejamos na doença nos faz bem, e jogue o remédio pela janela, assim a criança a amará mais, mas ordene que ela não conte. Faça o mesmo com a senhora quando ela ansiar por alguma coisa quando doente, e prometa que fará bem a ela.

Se a senhora aparecer no quarto das crianças e quiser açoitar uma delas, arranque-a das mãos dela, enfurecida, e diga que nunca viu mãe tão cruel. Ela a repreenderá, mas passará a gostar mais de você. Conte histórias de espíritos para as crianças quando elas quiserem chorar etc.

Trate de desmamar as crianças etc.

Instruções para a ama

Se por acaso deixar a criança cair e aleijá-la, trate de nunca confessar; se ela morrer, não há mais nenhum risco.

Trate de engravidar assim que puder enquanto estiver dando de mamar, assim estará pronta para outro serviço quando a criança que estiver amamentando morrer ou for desmamada.

Instruções para a lavadeira

Se chamuscar roupa branca com o ferro, esfregue o local com uma flor, com greda ou com pó branco; se nada der certo, lave sem parar até que a marca não seja mais vista ou que a peça vire um trapo.

Sobre rasgar roupa branca durante a lavagem:

Quando a roupa estiver no varal ou numa sebe e chover, arranque-a, apesar de poder rasgá-la etc. Porém, o lugar para pendurá-la é nas jovens árvores frutíferas, especialmente se estiverem florescendo, pois assim a roupa não será rasgada e a árvore a deixará com um excelente cheiro.

Instruções para a governanta

Sempre tenha um lacaio preferido de quem possa depender, e ordene que ele preste bastante atenção quando o segundo prato for retirado da mesa e que o leve em segurança até seu escritório, garantindo um petisco para você compartilhar com o ecônomo.

Instruções para a tutora ou preceptora

Digamos que as crianças estejam com os olhos doloridos, que a senhorita Betty não queira ler seu livro etc.

Faça as senhoritas lerem romances franceses e ingleses, histórias de amor francesas, todas as comédias escritas durante os reinados do rei Charles II e do rei William, para abrandar seus temperamentos e enternecê-las etc.

Biblioteca Âyiné

1. Por que o liberalismo fracassou?
   Patrick J. Deneen
2. Contra o ódio
   Carolin Emcke
3. Reflexões sobre as causas da liberdade e da opressão social
   Simone Weil
4. Onde foram parar os intelectuais?
   Enzo Traverso
5. A língua de Trump
   Bérengère Viennot
6. O liberalismo em retirada
   Edward Luce
7. A voz da educação liberal
   Michael Oakeshott
8. Pela supressão dos partidos políticos
   Simone Weil
9. Direita e esquerda na literatura
   Alfonso Berardinelli
10. Diagnóstico e destino
    Vittorio Lingiardi
11. A piada judaica
    Devorah Baum
12. A política do impossível
    Stig Dagerman
13. Confissões de um herético
    Roger Scruton
14. Contra Sainte-Beuve
    Marcel Proust
15. Pró ou contra a bomba atômica
    Elsa Morante
16. Que paraíso é esse?
    Francesca Borri
17. Sobre a França
    Emil Cioran
18. A matemática é política
    Chiara Valerio
19. Em defesa do fervor
    Adam Zagajewski
20. Aqueles que queimam livros
    George Steiner
21. Instruções para se tornar um fascista
    Michela Murgia
22. Ler e escrever
    V. S. Naipaul
23. Instruções para os criados
    Jonathan Swift
24. Pensamentos
    Giacomo Leopardi
25. O poeta e o tempo
    Marina Tsvetáeva

Composto em Baskerville e Helvetica
Belo Horizonte, 2022